Deutschland, die selektive Bildungsrepublik?

Die medienwirksam verkürzte Behauptung von Bildungsforschern – wenig hilfreich für die künftige Bildungspolitik

Kritik an einer tendenziösen Sichtweise
Die bessere Denkrichtung: „Grüne Welle für Talente!"

Zugleich Vorbereitung auf die Lektüre von IGLU 2011 – erscheint im Dezember 2012

Dr. Johannes Rauter

FSC
www.fsc.org
MIX
Papier aus verantwortungsvollen Quellen
Paper from responsible sources
FSC® C105338

Eigenverlag: ***Innobiz, WissenWirdWert***®

Südendstraße 31 b
82110 Germering
www.innobiz.de

ISBN 978-3-00-039919-0

Graphische Gestaltung: Christa Unsinn, Mediendesign Print, München
Schrifttyp: Myriad Pro

Herstellung: BoD
Books on Demand GmbH
In de Tarpen 42, 22848 Norderstedt

Zu beziehen auch über das Internet über Titel- oder ISBN-Eingabe.
Preis: 9,90 Euro

Danksagung

Herzlicher Dank für das Korrekturlesen und die Diskussion geht an Angela Ingianni. Dank und Lob geht an die Mitarbeiter des Statistischen Bundesamtes, die immer höchst hilfsbereit, schnell, sehr kompetent und kundenorientiert waren und das jetzt schon weit über ein Jahrzehnt.

Dank geht an die Pädagogen, die sich mir zu Gesprächen zur Verfügung gestellt haben, ebenso an Dr. Kortmann, der das Programm „Schub" in Olching initiiert hat, eine Idee, der sogar der ganze Landkreis Fürstenfeldbruck bezüglich der Familienbetreuung 2013 folgen wird.

Zu danken habe ich Herrn Dr. Seiser und Herrn Haroun Lehrer, für die Vorstellung des Projekts „Talente im Land Bayern".

Danken möchte ich auch der Roland-Berger-Stiftung für manche Information und dafür, dass sie eine meiner betreuten Jugendlichen in ihr Förderprogramm aufgenommen hat.

Gewidmet jenen Pädagogen und Ehrenamtlichen, die sich mit Leidenschaft für die Entwicklung der Talente der Schuljugend einsetzen.

Inhalt

Vorbemerkungen

Manche mögen glauben, es sei eine sinnvolle Strategie, die Politik mit übertriebenen Aussagen zum Handeln zu drängen, beispielsweise mit der These, das Bildungssystem im Lande sei – verglichen mit anderen europäischen Ländern – zutiefst selektiv und benachteilige die ärmeren Familien.

Abgesehen von der Fragwürdigkeit dieser These, es wird dadurch aber auch eine Einstellung gefördert, die die Verantwortlichkeit des Einzelnen in Bildungs- und Fürsorgefragen für die eigenen Kinder schnell in den Hintergrund rückt und alle Verantwortung dafür beim Staat sieht. Wollen wir das wirklich? Geben solche Thesen der Politik die richtige Aktionsrichtung vor? Ich denke nein.

Selbst die Nutzung staatlicher Hilfsangebote erfordert Verantwortung der Eltern. Von Benachteiligung kann nur dann gesprochen werden, wenn **trotz** aller Bemühungen der Eltern, dem Kinde Bildungschancen vom Bildungssystem vorenthalten werden. Allein so ein Verständnis von „Benachteiligung" würde die Schlußfolgerungen für die Politik sehr ändern.

Die Bildungsforschung aus öffentlichen Mitteln rechtfertigt sich nur dadurch, dass sie konkrete, umsetzbare Entscheidungshilfen bietet, abgeleitet aus einer ausgewogenen Analyse der Daten.

Ein Bildungssystem und damit die Bildungsforschung muss nach meiner Auffassung primär Defizite in der Talentrepräsentanz und nicht in der Klassenrepräsentanz auf den vielfältigen Bildungswegen untersuchen.

Warum engagiere ich mich für das Thema? Weil ich fest von der Verantwortung der Familie oder auch der Alleinerziehenden für die Schullaufbahn des Kindes überzeugt bin. Also die Verantwortung, das Kind engagiert zu begleiten und proaktiv die Angebote der Gesellschaft zu nutzen, die es inzwischen in großem Umfang gibt. Der zweite Grund ist der, dass ich immer wieder in der Praxis feststellen musste, dass kostenlose Hilfsangebote von „Benachteiligten" einfach ignoriert werden. Geht die Bildungsforschung, auch darauf ein?

Die Bildungsforschungsliteratur im Lande und die internationale, siehe die OECD-Reihe: „Education at a Glance", haben ein Volumen erreicht, das kein Mensch mehr überblickt. Die statistischen Ableitungen sind so komplex, dass man sie nicht mehr nachvollziehen kann.

Da hilft dann nur Verschlagworten, so dass die Presse mundgerecht bedient werden kann. Und dann kommt z. B. die medienwirksame „Bildungsbenachteiligungs-hypothese" heraus, die nun seit gut einem Jahrzehnt verkündet wird – ohne sie mit Schülerzahlen zu konkretisieren.

Ich habe mir aus den endlosen Regalmetern einschlägiger Literatur nur vergleichsweise wenige Schriften herausgepickt. Ich habe bald gemerkt, dass dieselben Sachverhalte sehr oft nur in anderer Tonlage und Schwerpunktsetzung, aber auf dieselbe Datenbasis zurückgreifend, abgehandelt werden.

Ich meine, es geht nicht um den besten Zustand des Bildungssystems, es geht um den besseren. Es geht nicht um eine gleichmäßige Repräsentanz von Klassen im Bildungssystem, sondern um die beste Repräsentanz von Talenten darin. Und: Armut darf kein Grund sein, sein Talent nicht entwickeln zu können.

Dies ist keine Geringschätzung der Bildungsforschung, aber eine kritische Würdigung so mancher ihrer Aussagen oder eben ihres Nicht-Aussagens. Es ist der Versuch gegen eine gewisse Voreingenommenheit derselben zu argumentieren, im Zweifelsfall den Staat für alles für zuständig zu erklären. Ich denke, wir engen mit solchen Paradigmen den Blickwinkel zur Problemlösung unnötig ein.

Wem helfen Institutionen, die Empörung über das Bildungswesen am laufenden Band produzieren? Überspitzt könnte ich sagen: „Empört euch! – auch gegen die Empörer." Kann die Bildungsforschung wirklich ein Deutungsmonopol beanspruchen?

Bemerkenswert in diesem Kontext, wie die Diagnosen von Praktikern (z. B. BLLV) und Bildungsforschung z. B. in der Frage der Schullaufbahnempfehlung, voneinander abweichen.

Die Politik muss handeln, unterstützt durch sachlichen Rat und mit beschränkten Ressourcen, da viele andere gesellschaftliche Bedürfnisse auch ihre Ansprüche anmelden.

Grüne Welle für Talente muss das Ziel sein.

Die Pest des Menschen ist die Meinung zu wissen.
Michel de Montaigne 1533–1592
La peste de l'homme c'est l'opinion de savoir.

Habe Mut dich deines eigenen Verstandes … ohne Leitung eines anderen zu bedienen!
Imanuel Kant 1724–1804

„… und vielleicht ist es sogar in vielen Fällen bedenklich, den jungen Menschen den Lebenskampf zu sehr zu erleichtern. Es scheint, dass durch den Wegfall der unmittelbaren persönlichen Verantwortung das Leben für manche seines Sinnes beraubt werden kann.
Karl Popper 1902 – 1994
Auf der Suche nach einer besseren Welt. Grenzen des Wohlfahrtsstaates

Der Auslöser

Am 12. März 2012 berichtete das ZDF anlässlich der Veröffentlichung des Chancenspiegels 2012 in den Nachrichten nur die Schlagzeile, nämlich die von der „Chancenungerechtigkeit im Bildungszugang", sprich bei der Gymnasialempfehlung an die Schüler der vierten Jahrgangsstufe. Diese Information stammt allerdings aus 2006. Der neueste OECD-Bericht „Education at a Glance" 2012 wird von der Presse ebenfalls ausführlich genutzt, um wie es die *Süddeutsche Zeitung*[1] formulierte, darzustellen, dass das „deutsche Bildungssystem die Schwächeren benachteiligt".

Die „Bildungsbenachteiligungshypothese" (BBH) – vor allem mit fragwürdigen internationalen Vergleichen unterlegt – bringt uns m. E. 2012 nicht mehr weiter.
Ich trete dieser These entgegen, da ich glaube, die Bildungsforschung hat sich von den Medien und der Politik wohl etwas verführen lassen, mit der Bildungsbenachteiligungshypothese vor allem „Skandalöses" zu liefern.

Als Volkswirtschaftler mit Interesse für Bildung und Innovation, mit Erfahrung aus der Industrie und aus sieben Jahren Coachingarbeit mit Hauptschülern, manchmal auch Hochschülern, vertrete ich meine Position. Wobei ich durchaus anerkenne, dass PISA, IGLU u. a. mitgeholfen haben, der Gesellschaft ein Feedback zu geben, das eine Diskussion in Gang setzte und dadurch Aktionen auf den Weg gebracht worden sind, von der vorschulischen Betreuung bis hin zum – völlig zu Unrecht, wie ich meine, bekrittelten Projekt Bildungspaket von Frau von der Leyen – und den Ganztagesschulkonzepten. Es besteht wohl Konsens, dass ein Bildungssystem gerecht und leistungsstark sein muss. Ich denke, es muss *heute zudem auch potenzialidentifizierend* sein.

Ich habe „einfache" Familien kennengelernt, deren Bildungsaspiration groß war und die, weil sie Verantwortung zeigten, ihren Kindern, manchmal auch mit etwas Hilfe, zu einer guten Schulkarriere verhalfen. Seit wann schließt der Arbeiterstatus schicksalhaft vernünftiges Erziehungsverhalten aus?

Aber ich habe auch viele kennengelernt, die bewusst kostenlose Hilfsangebote ausgeschlagen haben und Eltern wie Kinder keinerlei Bildungsaspiration zeigten. Das ist eben auch gesellschaftliche Realität, Teil des menschlichen Spektrums.
Ist es vernünftig in solche Ignoranz Bildungsressourcen zu stecken?

Eine Erweiterung des Blickwinkels der Bildungsforschung scheint mir geboten.

Johannes Rauter, Germering bei München, November 2012

Ausgestaltung des Bildungssystems: eine politische Wahl

Wir wissen: In einer Demokratie ist das Budget der geronnene politische Wille einer Nation und damit, durch die Dotierung gesellschaftlicher Bedürfnisse, der wahre Gradmesser, welchen Stellenwert wir alle wirklich der Bildung beimessen. Nicht Sonntagsreden, nicht sozialromantisches Wunschdenken, nein das Budget zeigt die Wahrheit über unser politisches Wollen. Wir, als Wähler, – mit unseren unendlichen Bedürfnissen, weisen über den politischen Prozess der Bildung die Ressourcen zu. Realität ist: Kein gesellschaftliches Bedürfnis kann für sich zu 100 % erfüllt werden, nur bis zu einem vernünftigen Grade. Es ist eine Fiktion, es stünden unbegrenzt Geldmittel zur Verfügung.

Damit „… **allen** Kindern die **beste** Förderung zuteilwerde" (AWO-ISS-Studie 2012). „… **jedes** Kind muss individuell gefördert werden, die Kinder seien ja so unterschiedlich." (Dr. Dräger, Bertelsmann, anlässlich der Präsentation des Chancenspiegels 2012). Sehr schön gefordert, aber nicht realistisch, siehe oben.

Leider stellt auch die KMK (Beschluss vom 4. 3. 2012) einen Forderungskatalog auf, der so mein Eindruck, oft losgelöst von den budgetären Möglichkeiten der Länder liegt. Da wird man an Hyperaktivität erinnert. Zudem beklage ich, dass Gefordertes, Realisiertes, Angefangenes durcheinander präsentiert wird, von Schwerpunktsetzung ist kaum etwas zu spüren. Ich habe eher den Eindruck, das Land werde überschüttet mit Modellversuchen und Projekten.

Visionen sind wichtig. Aber ist es hilfreich immer Uneinlösbares zu fordern an Stelle realisierbarer Schwerpunktthemen?

Besser als die Situation von Gestern, besser als der Nachbar.

Stetige Verbesserung ist Pflicht, sobald Mängel sehr deutlich werden. Es ist schon eine bemerkenswerte Leistung, der Erfolgreichere zu sein. Im Vergleich mit anderen Ländern und zwar mit Blick auf das Gesamtsystem Bildung und wie es in der Lage ist, die gesamte Gesellschaft zu durchdringen. Und das könnte z. B. auch bedeuten, besser und schneller bei der Entdeckung und Förderung von Talentpotenzialen in allen Gesellschaftsschichten zu werden.

Es geht auch darum, möglichst keinen Schüler ohne Abschluss „zurückzulassen", wie es die KMK am 4. 3. 2010 beschlossen hat.
Vergessen wir nicht, Gymnasium ist nicht alles, es gibt auch noch die Realschule.
Und das Spektrum der Begabungen ist breit.

Grenzen der Sozialforschung

Es gilt nach meiner Beobachtung für die Bildungsforscher als Sozialwissenschaftler auch das, was D. Esslinger über die Ökonomen in der Süddeutschen Zeitung am 11. 7. 2012 in einem Leitartikel formulierte: „Es ist eine Lehre die sich mit dem Menschen befasst. Das unterscheidet sie von der Physik oder der Astronomie, die irgendwelche Bahnen beschreiben und deren Gesetze tatsächlich Gesetze sind. Welche Kreise jedoch Menschen ziehen, kann ein Ökonom zuverlässig nicht voraussagen. Sie sind Suchende, wenn auch mit einer gewissen Expertise."

Alle sind (eben nur) Sozialwissenschaftler und geben mehr oder weniger geprüfte Meinungen von sich, bzw. gehen selektiv bei der Datenwürdigung vor. Und der Chor ist vielstimmig.

Auch ich habe nicht den Stein der Weisen gefunden, ich beanspruche lediglich „unterbelichtete" Aspekte in den Vordergrund zu rücken, die das Gesamtbild etwas verändern und vor allem die Schlussfolgerungen neu ausrichten sollen.

Damit die Aussagen der Bildungsforschung handlungsrelevant werden:
Die Politik soll eine Quantifizierung und Lokalisierung der „Benachteiligung" einfordern. Es geht nicht um 20 % der Schülerschaft, eher um 2 %!

Zusammenfassung

Man stellt fest, dass Kinder gehobenerer Gesellschaftsschichten, egal wie klassifiziert, nach ISEI, ISCED oder EGP[2] im Gymnasium überrepräsentiert sind. Daraus leitet die Bildungsforschung in ihren zahllosen Studien (Beispiele: PISA, IGLU, KESS, TIMMS) ab, es würde z. B. bewusst diskriminiert, da sich die Lehrer letztlich doch von „akademischen" Eltern in ihrer Schullaufbahnempfehlung beeinflussen ließen. Kernvorwurf: Schüler aus einfachen Verhältnissen bekämen viel zuwenig Gymnasialempfehlungen von den Lehrern im Verhältnis zu den bei ihnen durch PISA, IGLU etc. festgestellten Fähigkeiten. Andererseits bekämen „Ärmere" zu oft den Rat, das Kind nicht auf die anspruchsvollere Schullaufbahn zu schicken. Außerdem stünden den einfacheren Bevölkerungsschichten zu wenig ausgleichende Unterstützung zur Verfügung. Damit hätte das „Arbeiterkind" deutlich weniger Chancen aufs Gymnasium zu kommen. Die „Bildungsbenachteiligungshypothese" (BBH) war geboren. Ich lehne diesen wenig differenzierten Diskriminierungs-Befund ab, auch wenn Diskriminierung in Einzelfällen sicher vorkommen mag.

Es geht beim Bildungsthema und dessen Einschätzung, um Nuancen, denn es ist entscheidend, wie und worauf die Bemühungen der nächsten Jahre ausgerichtet werden sollen, bedenkt man die knappen Ressourcen.

Wichtigste Ziele der Bildungspolitik aus meiner Sicht:

Kein Talent auf der Strecke zu lassen und dafür zu sorgen, dass jeder nach seinen nachweislichen Begabungen und Einstellungen seinen Bildungsweg machen darf. Und für die anderen sicherzustellen, dass sie eine Laufbahn einschlagen können, die ihnen ein selbständiges Leben ermöglicht.
Und dass die Jugendlichen durch die Bildungsangebote auch zu zivilisierten Menschen gemacht werden, respektvoll sich selbst, dem Nächsten und der Natur gegenüber. Egal aus welcher Schicht das Kind kommt.

Der Diskriminierungsvorwurf

Der Diskriminierungsvorwurf der Bildungsforschung im Kontext IGLU 2006 und verwandten Veröffentlichungen, hat m. E. so manche schwache Stelle:

1. Die Bildungsforschung wagte nicht diese „Benachteiligung" in absoluten Schülerzahlen nach Bundesländern zu konkretisieren. Zeichen von erheblicher Unsicherheit?

2. Die Bildungsforschung macht sich die Elternverantwortung nie zum Thema, sie ist aber ein entscheidender Baustein des Schullaufbahnerfolges. Sie in Deutschland, dem in der Breite reichsten Land Europas, mit all seinen Unterstützungsmöglichkeiten zu negieren, ist selektive Wahrnehmung.

3. Die Bildungsforschung argumentiert primär mit der Repräsentanz von Gesellschaftsklassen im Bildungssystem und nicht mit der Talentrepräsentanz im Bildungssystem.

4. Die Lehrer spielen beim Vorwurf der Benachteiligung(z. B. sie forderten „höhere Leistungsnachweise[3] beim Arbeiterkind für eine Gymnasialempfehlung") eine zentrale Rolle. Ihnen wird jedoch an anderer Stelle wiederum höchste Kompetenz bei Laufbahnempfehlungen attestiert[4].

5. Beide herrschenden Schul-Zuweisungssysteme für die Viertklässler, nämlich das Modell „Elternwille" oder das Modell „Leistungsnachweis über Notenschnitte", lassen, korrekt gehandhabt, keinen Platz für Ungerechtigkeiten.

6. Unzureichende Maßstäbe: Die Basis des Vorwurfes, dass bei „gleichen kognitiven Fähigkeiten" „Arme" benachteiligt würden, basiert auf einem Intelligenztest, der z. B. in PISA oder IGLU eingearbeitet worden war. Nur: Intelligenztests sind wegen der vielen Randbedingungen und der schwierigen Reproduzierbarkeit umstritten. Und kognitive Fähigkeiten alleine machen noch keine Gymnasiumsreife. Es wurden bei der Beurteilung auch nicht jene 26 Kriterien in Ansatz gebracht, die die Bildungsforschung an anderer Stelle als relevant für die Beurteilung der Schülerpersönlichkeit herausgearbeitet hatte.[4]

7. Internationale Vergleiche im Bildungswesen, gerade die statistischen, sind wegen der kulturellen Einbindung der Bildungskonzepte fragwürdig. Selbst bei aller Mühe, die sprachlichen Übersetzungen sorgfältig zu machen.

8. Die Bildungsforschung hat eine selektive Auswahl und Auswertung ihrer Daten vorgenommen, gemessen an dem, was das Datenmaterial, schon in IGLU 2006, hergegeben hätte. Warum erfindet sie den „Sozialgradienten" aber nicht den „Intelligenzgradienten" obwohl sie auch Intelligenztests bei IGLU und anderen durchgeführt hat?

9. Das EGP Klassenschema zum Nachweis der Ungerechtigkeit bei der Vergabe von Gymnasialempfehlungen ist anfechtbar. Die sieben Klassen die da gebildet

werden, sind implizit nach abnehmender Bildungsaspiration sortiert, so dass das „gewünschte" Ergebnis herauskommen muss, die BBH.

10. Die Bildungsforschung vernachlässigt die Frage der Effizienz eines Bildungssystems.

11. Die Bildungsforschung ignoriert, dass Aufstieg immer überdurchschnittliche Anstrengung bedeutet, dass Aufstieg von unten hart ist und nicht von selbst geht, sondern hohen Leistungswillen, Bildungsaspiration von Eltern und Kindern und gewisse kognitive Fähigkeiten voraussetzt. Der Aufstieg verlangt Mut, nämlich den, das eigene Milieu, manchmal sogar den eigenen Kulturkreis zu verlassen. Da kann kein Staat helfen. Aufstieg hatte schon immer einen Preis! Dass er trotzdem möglich ist, dafür habe ich zahlreiche Beispiele, ein Grund warum ich den Diskriminierungsvorwurf so nicht gelten lasse. Allerdings: Aufstiegsmöglichkeiten sind in reifen Volkswirtschaften dünner gesät als in jungen, wachsenden. IGLU 2006 sieht den klaren Zusammenhang zwischen Lernmotivation und Schulleistung. Wer ist verantwortlich für die Lernmotivation, die Schule oder die Eltern? Der Staat?

12. Viele Aussagen zum Themenkreis BBH sind veraltet, da die Bildungspolitik in den letzten Jahren auch viele Verbesserungsvorschläge umgesetzt hat[5].

Allein schon der überaus starke Rückgang der Hauptschüler[6]dürfte den Vorwurf, zu viele würden dorthin verwiesen, weitgehend entkräftet haben, dies wurde von der Bildungsforschung im Zusammenhang mit „Benachteiligung" noch nicht gewürdigt.

Die Bildungsforschung geht m. E. viel zu sehr in die – für die Praxis nicht mehr relevante – Breite und übergeht oft naheliegende Fragen, die anstehen und lösbar sind: Wie Potenzialidentifizierung, Talentförderungsansätze, Elternverantwortlichkeit, die unabhängig vom Status immer einzufordern ist. Man fokussiere ihre Aufgaben und kürze ihre Mittel zugunsten der Pädagogik, das könnte mehr bringen.

Es wird gerne übersehen, was inzwischen Standard bei der Unterstützung von Schülern ist, Beispiel Sprachförderbereich, siehe IQB Ländervergleich 2011 für Deutsch und Mathematik, siehe Literaturverzeichnis. „Die Ergebnisse zeigen, dass in so gut wie allen Ländern in Primarschulen der Sprachförderbedarf von Schülerinnen und Schülern bestimmt wird. Hierzu werden nahezu flächendeckend Beobachtungen der Lehrkräfte herangezogen. Auch andere Informationsquellen (andere Pädagoginnen und Pädagogen, schulärztliche Untersuchungen, Eltern, Noten) werden relativ häufig verwendet, um zu entscheiden, ob bei einem Kind sprachlicher Förderbedarf besteht oder nicht. Inwieweit standardisierte Tests oder unstandardisierte Verfahren zur Ermittlung des Förderbedarfs eingesetzt werden, variiert dagegen erheblich zwischen den Ländern."

Der Staat tut offenbar seinen Teil. Also von hier ab ist die Verantwortlichkeit der Eltern einzufordern. Das, was Eltern auch mit Mühen beeinflussen können, müssen sie auch beeinflussen. Es geht auch um Strategien, wie in Grund- und Mittelschulen wieder mehr Ruhe, also Disziplin, erreichbar ist, deren Fehlen ein erhebliches Lernhindernis darstellt.

Die Perspektive muss erweitert werden

Statt politisch gefärbter Vorwürfe an das Bildungssystem – es sei zu klassenselektiv–, komme ich zu anderen Schlussfolgerungen, da ich den Mangel oft woanders sehe:

1. *Verstärkt Methoden zur Talentidentifizierung einsetzen* und dann entsprechende Maßnahmen ergreifen. Talente müssen schneller und treffsicherer gefunden werden. Offenbar reichen die heute gängigen Methoden noch nicht. Das muss ein zentrales Anliegen werden.

2. *Punktgenaue Talentförderung* für jene, denen eine Entwicklung ihrer Talente durch die soziale Ausgangslage sehr erschwert ist.

3. Prüfen, *ob Intelligenztests* ein sinnvolles Zusatzinstrument zur Bewertung einer Schullaufbahnempfehlung wären.

4. Die Eltern müssen endlich konsequent in die Pflicht genommen werden z.B. mit einem Kurs, wie man mit der Schule kooperiert und wie man ein Kind als Schulkind führt. Sie müssen viel enger an die Schule gebunden werden. Auch wenn das Zusatzbelastung für die Schule sein wird. Positive Beispiele gibt es z.B. in Augsburg. In der Schule muss man sich diese Einbindung der Eltern zum Anliegen machen. So ja auch die Forderung der KMK.

5. Die heute noch sehr bescheiden ausgestatteten öffentlichen Stipendienprogramme für Talentierte sollten aufgestockt werden. Stipendienprogramme könnten z.B nach dem Muster der Stiftung „Talent im Land Bayern" organisiert und geführt werden.

6. Die Klassenstärken müssen verstärkt problemorientiert ausgerichtet werden können, z. B. bei hohem Ausländeranteil, das heißt mehr Budgetverantwortung in die Schulen verlegen.

7. Die offene Ganztagsschule muss professionalisiert werden, so wie das die KMK mit Beschluss vom 4. 3. 2010 gefordert hat.

8. Weitere Verbesserung und Ergänzung der vorschulischen Angebote zum Erwerb der Sprachkompetenz „Deutsch". Siehe auch das Programm für 35% der Unter-drei-Jährigen.

9. Das Potenzial der vielen hochqualifizierten Menschen, die aus dem Arbeitsleben ausgeschieden sind, für eine sinnstiftende Aufgabe, wie die Unterstützung von Schülern aus bescheidenen sozialen Verhältnissen, zu gewinnen und zu nutzen. Die Schule muss – genau so wie beim Kultursponsoring – lernen, dieses Wissenspotenzial anzuwerben und zur Unterstützung der Kinder einzusetzen, die zwar talentiert sind aber zuwenig Unterstützung von zuhause bekommen. Auch das will professionell gemacht sein. Auch gefordert von der KMK, Beschluss vom 4. 3. 2010.

10. Intensive Nutzung des Bildungspaketes durch verstärkte Anstrengungen der Schulen und Eltern.

11. Letztlich ist zu akzeptieren, es gibt und gab Familien, die nicht vorwärts wollen oder können.

Die Finanzierung sollte vor allem darauf beruhen, dass die Bildungsbudgets nicht entsprechend der Schülerzahl zurückgefahren werden. Forderungen, wie auch die zahlreichen im KMK-Beschluss vom 4. 3. 2010, müssen auf Schwerpunkte unter Berücksichtigung der Budgets und der Zeitkomponente konzentriert werden.

Hier stellt sich die interessante bildungsökonomische Frage:

Wo zusätzlich investieren, also neben den Großvorhaben Bildungspaket oder KITA? In die Entdeckung zusätzlicher, 2 % Talentierter? Oder in Methoden, incl. Elterneinbindung, um Ruhe und Disziplin in Grund- und Mittelschulen zu bringen. Und damit die Konzentration und so die Lernerfolge deutlich zu verbessern? Oder in die Umsetzung von Erkenntnissen der Neurologie und Hirnforschung? Gibt es in der Bildungsforschung dazu Studien? Die wären nötig.

In Bayern gibt es heute zahlreiche nennenswerte Unterstützungsinitiativen:

Allein die Mittel aus dem Bildungspaket des Arbeitsministeriums reichen allen bedürftigen Schüler soviel Nachhilfe zu ermöglichen, dass sie z.B. den Quali erreichen würden.

Dazu kommen die Mittel und die Unterstützung aus der „Stiftung Bildungspakt Bayern". Dazu kommen noch die Unterstützungsangebote des Ausbildungspaktes des BMBF.

Wenn dann immer noch Lücken bleiben mit Blick auf den Gymnasiumsbesuch:

Die halböffentliche Stiftung „Talent im Land" in Bayern vergibt ca. 50 Stipendien pro Jahr, ebenso die rein private Roland-Berger-Stiftung in Bayern. Selbst wenn andere Stiftungen noch 200 Plätze zur Verfügung stellten, wäre das noch wenig bei 480 000 Grundschülern (Bayern), sollten auch nur 1 % unentdeckte Talente unter jenen ca. 120 000 Viertklässlern sein, ja selbst wenn wir uns auf die 44 000 fraglichen Hauptschüler beschränkten.

Bleibt immer noch eine Lücke, könnte Bayern sicher ein Programm „Keine Chancenlücke im Lande" oder „Grüne Welle für Talente" nachhaltig realisieren. Der Aufwand betrüge ca. 1 500 – 2 000 € p. a. pro Schüler mit (unentdecktem) Potenzial aber ohne ausreichende Unterstützung in der Grundschule, um auch dieses zu entwickeln. Als Muster für Struktur und Prozess könnte die Roland-Berger-Stiftung dienen. Zusätzlich zu den anderen genannten Finanzierungsquellen würden in Bayern ca. 10–15 Millionen € p.a., nach meiner Schätzung gut reichen, sollten es wirklich z.B. 3 000 unentdeckte Talente – also Benachteiligte in der Sprache der Bildungsforschung – sein.

Diese Quantifizierung müsste zunächst geleistet werden.

Es muss ein Ziel im Lande bleiben mit punktgenauer Talentförderung, nicht Hochbegabtenförderung, zu erreichen, dass jene Talentierten, die wirklich durch ihre soziale Startposition geringere Chancen auf die für sie beste Schullaufbahn haben, ihr Talent für sich und das Land optimal nutzen können.

Unter Volkswirten: Das Ziel der Bayerischen Regierung „Null Schulden" ist zwar nett formuliert, aber nicht sinnvoll. Jede Gesellschaft tätigt Investitionen, die mehreren Generationen zugute kommt. Die Bildung gehört zuvörderst dazu. Also ein maßvolles Schuldenmachen ist Zukunftssicherung. Das weiß eigentlich auch die Regierung.

Zur Diskussion zum Thema Bildung

A Das Umfeld: Gesellschaftliche Trends und Ziele der Bildungspolitik

1 Gesellschaftsentwicklung, wichtige Trends

2011: 15 000 Geburten weniger und das nur in einem Jahr. Die Reduzierung der jährlichen Geburten in den letzten 50 Jahren auf die Hälfte. Ca. 5 Millionen Erwerbsfähige weniger in 2025. Auf der anderen Seite erwarten uns Belastungen, nicht nur aus der älteren und kränkeren Gesellschaft, sondern auch neue „Solidaritätsleistungen" an ärmere EU-Staaten.

Wenn die Zahl der Erwerbstätigen zurückgeht, benötigt man weitere Reserven: Daher müssen Kindern, mit nachgewiesenem Talent, z. B. Migrantenkindern und solchen aus „armen" Milieus, schon deshalb die Wege zu höherwertigen Abschlüssen geöffnet werden.

Im Gegensatz zum Sprachproblem, sollten von der Diagnose zur Therapie nicht mehr 35 Jahre verstreichen. In den Großstädten werden auf Grund der Demographie in sechs bis zehn Jahren ca. 30–35 % der Schüler in der Grundschule, einen Migrationshintergrund haben und damit eine andere Wahrnehmung der Gesellschaft und ggf. ihrer Leistungsnormen. Sie müssen auf das Arbeiten in einer hochtechnisierten Welt vorbereitet werden.

2. Sinnvolle und machbare Ziele der Bildungspolitik

Neue, zusätzliche Ziele der Bildungspolitik heute: Alle Potentiale im Lande zu entdecken und zu fördern, die talentierten Spätentwickler oder familiär nicht Unterstützten auf den richtigen Bildungsweg zu bringen. Talenten darf nicht durch eine Armutssituation eine ihrem Talent entsprechenden Bildungskarriere vorenthalten werden. Also eben **Grüne Welle für Talente.**

Es geht meiner Meinung nach **nicht** um die gleichmäßige Repräsentanz von gesellschaftlichen Gruppen oder „EGP-Klassen"[7] am Gymnasium sondern darum, dass Potentialgruppen, die Gemeinsamkeiten beim Niveau der Intelligenz, der Arbeitshaltung, der Leistung und beim Sozialverhalten aufweisen, eine adäquate Schullaufbahn machen können**. Und für die anderen ist sicherzustellen, dass sie eine**

Laufbahn einschlagen können, die ihnen ein selbständiges Leben ermöglicht. Das ist praktisch die „Optimalklassen-Idee" wie von Helmke bereits 1988 beschrieben und von K. Schwippert 2008 neu formuliert – von Bildungsforschung und Medien heute ignoriert?

Bildung muss auch zum Ziel haben, die Menschen so zu zivilisieren, dass sie einen respekt- und verantwortungsvollen Umgang mit sich, ihrer Familie, ihrer Gemeinschaft und der Umwelt zu leben in der Lage sind.
Das kann nicht allein die Schule bzw. der „Staat" machen. Da stehen die Familien – egal welcher Gesellschaftsklasse – im Zentrum und in der Verantwortung.

Dies muss im Rahmen einer Gesellschaft, die für ausreichend Chancen sorgt realisiert werden und nicht mit planwirtschaftlichem, gleichmacherischem Anspruch.

B Die Bildungsbenachteiligungshypothese (BBH)

1. Struktur der Elternschaft nach deren Bildungsstand und Schultypen

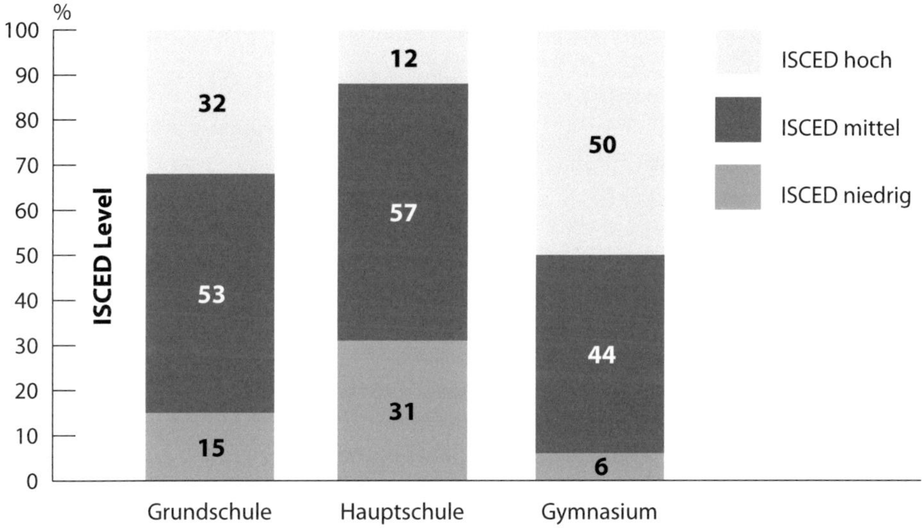

Quelle: Destatis, Bundesamt für Statistik, Sonderauswertung für den Autor Juli 2012 aus Mikrozensus 2010, eigene Berechnungen.
ISCED 1997: International Standard Classification of Education

2. Sozialstatus Eltern/ Erziehungsberechtige der Schüler nach HISEI

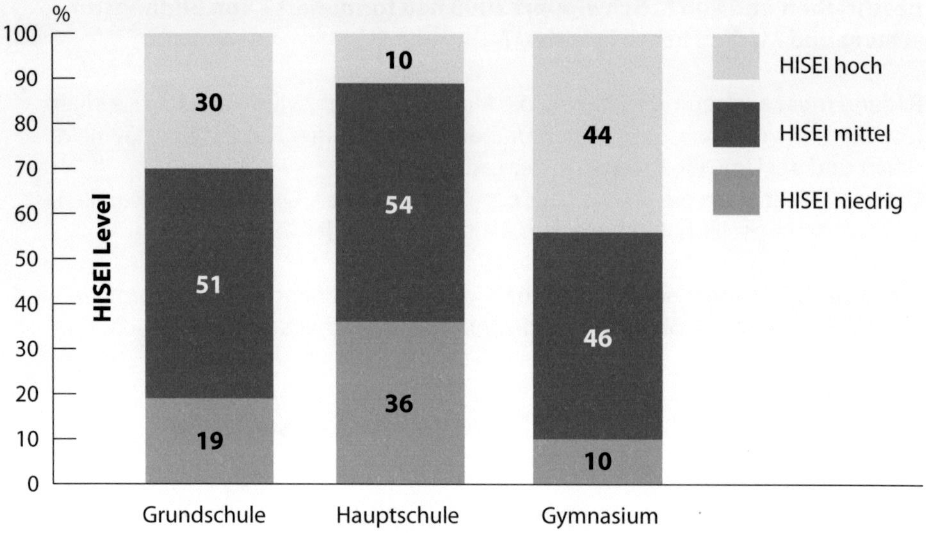

Quelle: Destatis, Bundesamt für Statistik, Sonderauswertung für den Autor aus Mikrozensus 2010, eigene Berechnungen.

„Kinder nach Art der besuchten allgemeinbildenden Schulform, sozioökonomischem Status (HISEI-Wert) und ISCED der Bezugsperson in der Lebensform"; Ergebnis gemäß Mikrozensus 2010

ISEI: International Socio-Economic Index of Occupational Status
HISEI: Highest International Socio-Economic Index of Occupational Status

3. Der Vorwurf, Beispiele

Der medienwirksame Hauptvorwurf ist die Hypothese von der Diskriminierung bzw. Benachteiligung des Arbeiterkindes im Bildungssystem.

2.1. … dass bei gleichen kognitiven Fähigkeiten und Lesekompetenzen Kinder aus höheren Schichten (EGP I und II) eine 2,68 bzw. 1,76 fach größere Chance haben eine Gymnasialempfehlung zu erhalten als Kinder aus Familien von Facharbeitern oder leitenden Angestellten. (Studie im Auftrag der Hans Böckler Stiftung[8].)

2.2. „Von den 34,5 % bayerischer Gymnasiasten des Jahrgangs 2003 stammen lediglich 8 % aus unteren Sozialmilieus. Damit steht Bayern nur an mittlerer Stelle der Vergleichsskala. Die Chance des Gymnasialbesuchs für Kinder und Jugendliche aus der Oberschicht ist 8 mal so hoch im Vergleich zu MitschülerInnen aus Familien unterer Schichten."[9]

2.3. Kinder aus einfachen Verhältnissen benötigten eine um 8 % höhere Leseleistung, um eine „gute Chance" auf eine Gymnasialempfehlung von den Lehrern zu bekommen[10]. Also seien Lehrer stark von Eltern bzw. allein schon von deren Status beeinflussbar.

Es gibt aber auch andere Erkenntnisse:

„Haben die Schülerinnen und Schüler dagegen

1. eine Empfehlung für das Gymnasium; und
2. leben in Bundesländern in denen die Eltern frei *(über die Übertrittsoption entscheiden können, wobei man sich auch dort eng an die Lehrerempfehlung hält, JR)* ... zeigen sich ... keine Unterschiede zwischen Herkunftsgruppen"[11] *(bei den Gymnasialempfehlungen, JR)*.

Der Sozialgradient

Ein Versuch Status und Leseleistung zu verknüpfen und damit monokausal eine Abhängigkeit von Status und Schulleistung und damit Schulkarriere abzuleiten.

Er soll den Zusammenhang zwischen Lesekompetenz und sozialer Herkunft messen. Also einen linearen Zusammenhang zwischen Familienstatus und Leseleistung, als Gerade dargestellt, die ausgehend von gemessenen Punkten dann als Prädiktor dient. Dazu meinen die Autoren jedoch: „Der Zusammenhang zwischen sozialer Herkunft und erreichter Kompetenz ist keineswegs deterministisch. Es gibt viele Jugendliche mit niedrigem, sozioökonomischen Status, deren Kompetenzwerte oberhab der geschätzten Geraden liegen. Genau so wie Schüler oberer Sozialschichten unter dem Wert liegt, den der soziale Gradient eigentlich voraussagte.[12]"

In der bereits erwähnten neuen Studie, erschienen Oktober 2012, **„IQB Ländervergleich 2011"**, wird der Sozialgradient ins Zentrum gestellt. ODD Ratio ist offenbar inzwischen out? Zum Gradienten gab es schon harsche Kritik von Professor Peter Bender. Auch meiner Meinung nach ist er kein aussagekräftiges Argument in der Diskussion um „soziale Disparitäten". Dass mit dem Wohlstand die Bildung steigt – und umgekehrt –, ist doch selbstverständlich. Warum sollte sonst auch nur irgend einer nach Wohlstand und Verbesserung der Lebensverhältnisse streben? Nur darf man jetzt – und das finde ich tendenziös – nicht verschweigen, woher der langsame, stetige Wohlstandszuwachs gerade über die letzen drei Generationen in Deutschland gekommen ist: Durch Leistungswille, Talent, Bildungswille, Disziplin.

Die Person, die Familie selbst ist der Weg. Die Gesellschaft ihrerseits muss mithelfen. Und sie macht inzwischen zahlreiche Unterstützungsangebote, nicht zuletzt auch die rein privat organisierten. Man kann sie auch graduell noch verbessern. Aber die Verantwortung zur Eigeninitiative, auch jene, Angebote aufzugreifen, die kann der Staat niemandem abnehmen.

Selbst wenn man die Studie sehr sachkundig interpretiert wie Roland Preuss, der Bildungsexperte der Süddeutschen Zeitung am 6. 10. 2012, lässt sich die Frage, wo denn die Verantwortung der direkt Betroffenen bleibt, vor allem bei all den staatlichen Unterstützungsmaßnahmen die es seit 2010 bereits gibt, nicht beiseite schieben.

Seine Analyse, woher denn das Risiko der Schwäche der Schülergruppe mit niedriger Kompetenz komme:

1. Bei Arbeitslosigkeit oder Geringverdienerstatus der Eltern
2. Die Herkunft beider Elternteile aus dem Ausland
3. Kein Elternteil mit Schul- oder Berufsabschluss

Verantwortlichkeiten bleiben bei den Eltern: Ist es wirklich nicht möglich, selbst nach Unterstützung zu suchen? Und die Frage die sich anschließt, hat man geprüft, man lese bei K. Lauterbach nach, ob denn diese Kinder überhaupt ausreichend Talent, also kognitive Fähigkeiten, sprich Intelligenz, von Leistungswillen ganz zu schweigen, haben, um eine höhere Schule zu besuchen?

Warum macht man keinen „Intelligenzgradienten" oder einen „Bildungsasprationsgradienten"? Das Material liegt vor. Man käme wohl zu ganz neuen Schlussfolgerungen. Man macht es sich viel zu einfach, immer wieder die Chancenungerechtigkeiten bei der Zuweisung von Gymnasialempfehlungen auf die Sozialklassenherkunft zu reduzieren. Das mag von einer gewissen Seite politisch gewünscht sein, ist aber nicht unbefangene Wissenschaft, wie ich das sehe.

Preuss urteilt auch sehr differenziert gegen einen Determinismus: „Es gibt also durchaus große Unterschiede beim Erfolg mit Grundschülern, *die aus schwierigen Verhältnissen kommen.*" Und er konstatiert weiter, dass die Migrantenkinder, in Bundesländern mit einer gewissen Tradition bei der Sprachförderung besser abschneiden also solche aus Bundesländern (Berlin!), wo man das so noch nicht realisiert hat.

Auch das Problem wurde erkannt, und mit dem Bildungspaket wird nachweislich kräftig gegengesteuert. Zwar erst ab April 2010, aber es geschah ganz konkret etwas.

Ein Zwischenfazit

Während die Bildungsforschung mit komplizierten Ableitungen Ungerechtigkeiten damit beweisen will, dass die Gymnasialempfehlungen nach Gesellschaftsklassen, in diesem Fall EGP Klassen, nicht proportional zu den Leseleistungen bzw. den „kognitiven Fähigkeiten" vergeben würden, argumentiert die Lehrerschaft z. B. in Bayern anders.

Aus einer Stellungnahme des BLLV zum Schulübergang:
„Grundsätzlich ist das bestehende System der Sortierung in vermeintlich begabungshomogene Lerngruppen lerntheoretisch höchst fragwürdig, da das Leistungsvermögen der Schüler und Schülerinnen wesentlich komplexer, vielfältiger und weniger stabil ausdifferenziert ist, als dass es die Gruppierung in wenige scheinbar homogene und stabile Leistungsgruppen ermöglicht. Eine zuverlässige Diagnose als Grundlage einer solchen Aufteilung ist nicht möglich, zumal die zugrunde liegenden Kompetenzbeschreibungen und Diagnoseverfahren stark unterschiedlich und daher die Noten nicht valide vergleichbar sind und der Zeitpunkt einer solchen Differenzierung wesentlich zu früh liegt". (S. Anlage 7)

Hier wird nicht mit Ungerechtigkeiten argumentiert, sondern mit der Unmöglichkeit, zu einem frühen Zeitpunkt aus Sicht des BLLV, ein zuverlässiges Urteil über die weitere Schullaufbahn eines Schulkindes abzugeben.

Diese Aussage steht wieder im Widerspruch zu anderen Aussagen, in denen Lehrer behaupten, nur in 2 % der Fälle sei ein Urteil über eine Schullaufbahnempfehlung schwierig. Ditton & Krüske, siehe Seite 38.

Die Lage stellt sich für mich verworren dar, jeder trägt nur Teilaspekte zum Bilde bei.
Aber die Politik muss trotzdem handeln.

C Die Auseinandersetzung mit dem Diskriminierungsvorwurf

1 Maßstäbe

Tut der Staat genug für die Bildung, Bildungsgerechtigkeit, Talentausschöpfung? Welches ist der Maßstab für die Bewertung der Bildungssituation wie wir sie vorfinden? An welchen Kriterien kann man die Güte eines Bildungssystems messen?

In Frage kämen: Die Noten der Kinder im Allgemeinen? Die Arbeitslosigkeit, speziell die Jugendarbeitslosigkeit? Die Deckung des Bedarfs an Fachkräften? Die Exporterfolge, Zeichen für höchstentwickelte Produkte? Die Bildungsausgaben pro Kopf? Gutes oder schlechtes Abschneiden bei PISA? Die Lesefähigkeit der Migranten? Die Zahl der Pflichtschuljahre? Die Breite der schulischen Aufstiegsmöglichkeiten, die ein Land zu bieten hat? Der Anteil derjenigen an der erwerbstätigen Bevölkerung, der nur den niedrigsten Bildungsstand erreicht, der also nur mit der Pflichtschule abschließt? Die ausgewogene Repräsentanz aller Sozialschichten an den verschiedenen Schultypen? Oder viel eher die ausgewogene Repräsentanz der Talente an den verschiedenen Schultypen? Also die beste Talentausschöpfung.

Nicht zu vergessen die Begeisterung, mit denen die Jugendlichen lernen. Wurde das je gemessen? Ansatzweise im Projekt IGLU 2006, mit beschämendem Ergebnis[13] .

Ein harter Kritiker von Erhebung und Interpretation bezüglich der gängigen Bildungsstudien ist Prof. Peter Bender, er sagte auf einer Fachtagung „Bildungsgerechtigkeit" am 06.06. 2008 in Fulda unter anderem zu PISA:
„Hinzu kommt, dass die Angaben der Probanden über den genauen Beruf etwa des Vaters mit dessen Angaben nur zu knapp 40 % übereinstimmen und diese Übereinstimmung auch dann noch unter 70 % bleibt, wenn man nur den ungefähren Beruf wissen will. (Jeweils etwas höher ist die Kohärenz bezüglich der Mutter, weil diese häufiger keiner beruflichen Tätigkeit nachgeht und dieser Status von den Jugendlichen leichter erkannt wird). Darüber hinaus wird das ökonomische, soziale und kulturelle „Kapital" mit Fragen erhoben wie: „Wie viele Bücher habt ihr zu Hause?" oder „Wie oft kommt es im Allgemeinen vor, dass deine Eltern mit dir über Bücher, Filme oder Fernsehsendungen diskutieren?" Da werden subjektive und willkürliche Antworten den Jugendlichen entlockt, bei denen z. B. – völlig neben der Realität – die Schweizerinnen & Schweizer ihre Lage schlechter einschätzen als die Deutschen. Auf der Grundlage dieser Antworten werden dann die kompliziertesten Parameter geschätzt und die raffiniertesten statistischen Zusammenhänge mit riesigen Zahlen-

kolonnen mit zwei Dezimalen hinter dem Komma aufgestellt. – So objektiv das alles wirkt, Pisa ist gespickt mit Mängeln auf allen Ebenen von Planung, Durchführung und Auswertung der Statistiken, wie Joachim Wuttke (2007) mit seiner gründlichen Analyse nachweisen konnte".

Und aus einer Schrift vom 3. 9. 2009:

„Viele im Bildungsbereich mit quantitativen Methoden erzielte Erkenntnisse haben, im Gegensatz zum Aufwand für ihre Gewinnung, zur Überzeugung ihrer Protagonistinnen & Protagonisten und zu den wegen der Drittmittel-Förderung erlangten höheren Weihen im Wissenschaftsbetrieb, keine große Aussagekraft. Für diese Behauptung kann ich aus meinem Bereich der Mathematikdidaktik aus den letzten Jahrzehnten -zig Belege liefern".

Peter Bender ist Professor der Didaktik der Mathematik in Paderborn

2 Wie misst die Bildungsforschung z. B. in IGLU 2006?

ODD-Ratio

Die Auswerter der IGLU 2006-Studie messen mit der *ODD-Ratio*[14], der Gymnasialempfehlungen nach EGP-Klassen bei den Grundschülern der vierten Jahrgangsstufe. Dieses derzeitige Maß der Wahl besitze, so bestätigen mir Statistiker, kaum Anschaulichkeit. Mehr dazu im Kapitel Methodik.

Man misst die „Ungerechtigkeit" mit den Gymnasialempfehlungen, die während des vierten Schuljahres von den Lehrern ausgesprochen werden, egal welches Übergangssystem ein Bundesland gewählt hat. Die Realschulempfehlungen gehen in dieser Diskussion fast immer unter. Das alleine verfälscht das Bild erheblich – zugunsten der Diskriminierungshypothese, da damit eine attraktive Schullaufbahnoption ausgeblendet wird.

3 Wer hat die Entscheidungshoheit über die Schullaufbahn?

Entweder folgen Bundesländer dem Modell „der letztgültige Wille ist der Elternwille", in denen der Elternwille die Schullaufbahn bestimmt. (60 % der Bevölkerung repräsentierend). Oder sie folgen dem Modell der Leistungsorientierung, dabei ist die Schulleistung ausgedrückt in Noten, das Kriterium für das Gymnasium (2,33 Bayern) oder die Realschule (2,66 Bayern), plus möglicher Aufnahmeprüfung. Auch in der 5. Klasse ist mit einem Schnitt von 2,0 in Deutsch und Mathematik der Übertritt ins Gymnasium noch möglich[15]. Diese Ländergruppe repräsentiert 40 % der Bevölkerung. Wie soll Diskriminierung bei korrekter Handhabung der Systeme noch stattfinden?

Welches System besser sei, darüber gehen die Meinungen in der Bildungsforschung wohl noch auseinander[16].

Es ist interessant zu sehen, dass der Bayerische Lehrer- und Lehrerinnenverband, für das System votiert, das die letzte Entscheidung bei den Eltern vorsieht. Wohl um aus dem großen Druck von Seiten der Eltern bei der Notenvergabe, die ja auch eine Schullaufbahnentscheidung ist, herauszukommen. Das ist menschlich verständlich.

Diskriminierung: Schullaufbahnempfehlung an „2er-Schüler"

Aus einer Studie der Universität Mainz:

„Nach einer Studie der Universität Mainz sind Kinder aus Unterschichtshaushalten bei der Lehrerempfehlung benachteiligt. Betrachtete man nur die Kinder mit Durchschnittsnote 2,0, dann bekommen die Kinder aus der niedrigsten Bildungs- und Einkommensgruppe nur mit einer Wahrscheinlichkeit von 76 Prozent eine Gymnasialempfehlung. Bei den Kindern aus der Oberschicht bekommen hingegen 97 Prozent die Empfehlung für das Gymnasium[17]".

Rechnet man dieses Beispiel mal durch, so ergäbe das ca. 500 Kinder in Rheinland Pfalz, die zu Unrecht keine Gymnasialempfehlung bekommen haben.
Fragt man sich, warum machen die Eltern das mit, obwohl in diesem Bundesland der Elternwille ausschlaggebend ist?

Nach der Methode gerechnet wären in Bayern knapp 2 000 Viertklässler bei der Schullaufbahnempfehlung benachteiligt worden.

Ich denke, es ist eine machbare Aufgabe diese Kinder zu identifizieren, sie genauer zu prüfen und wenn wirklich ein Fehlurteil vorliegt, dieses zu korrigieren.
Und darauf Unterstützungsmaßnahmen folgen lassen. Auch hier wird es einen Empfehlungsdruck auf die Lehrer geben.

Widersprüchliches: Schullaufbahnempfehlung der Lehrer sei ungerecht.

Im Auswerteband IGLU 2006 stellt man fest, die Schullaufbahnpräferenz der Lehrer würde nicht nur leistungsbezogen sein, sondern auch durch den Sozialstatus des Schülers bestimmt. Das bedeutet doch, die Lehrer gäben nicht sachgerechte Empfehlungen ab. Siehe auch[3].

Bescheinigung sehr guter Diagnosefähigkeit

Dieselbe Bildungsforschung gibt den Lehrern bezüglich der Schülerbeurteilung zur Schullaufbahnempfehlung exzellente Noten. In der entsprechenden Studie[18] wurde den Lehrern höchste Kompetenz bei der Beurteilung der weiteren Schullaufbahnfähigkeit der Kinder bescheinigt:
„Die Resultate verdeutlichen, dass sowohl die Schulnote als auch die Einschätzung der lernrelevanten Schülermerkmale durch die Lehrkräfte signifikante Prädiktoren der Übergangsempfehlung sind[19]". Und weiter: … dass die Differenzierungsfähigkeit von Lehrkräften in Bezug auf unterschiedliche Eigenschaften ihrer SchülerInnen größer ist als … in der Öffentlichkeit diskutiert".
Darüber hinaus weist man dort nach, dass Noten, Schülerqualitäten und Schullaufbahnempfehlung des Lehrers völlig konsistent sind.

Der Bayerische Lehrer- und Lehrerinnenverband hingegen meint, weder die Notenvergabe sei valide noch seien Lehrer überhaupt fähig, Urteile über die weitere Schullaufbahn von Kindern aus der vierten Grundschulklasse abzugeben. Und er meint, das Problem der Fehlzuweisungen sei heute unlösbar(!).

Woran sollte sich die Politik halten? Zuviel Verwirrendes, dazu angetan, Zweifel an der Bildungsforschung und deren Ergebnissen aufkeimen zu lassen.

4 **„Benachteiligung besteht schon von Geburt an und sie nimmt immer weiter zu".** Meinung von renommierten Bildungsforschern.

Ist diese Aussage hilfreich? Ist sie handlungsorientiert für die Praxis? Wenn sie wahr wäre, dann wäre Arnold Schwarzenegger heute pensionierter Skilehrer und nicht pensionierter Gouverneur von Kalifornien.

Nicht-Armut ist nachhaltig und „einmal arm – immer arm" gilt nicht …
so relativiert eine ganz neue Studie (AWO-ISS-Studie vom September 2012) den pauschalen Benachteiligungsvorwurf. Diese Langzeitstudie der Arbeiterwohlfahrt,

konstatiert lt. einer Rundfunkmeldung, dass 49 % der Kinder aus armen Milieus der Aufstieg gelungen ist, da die vielen Angebote des Staates auch genutzt worden sind.

Es wird argumentiert, aus Kinderperspektive gibt es die Benachteiligung. Was könne das Kind dafür, dass es z. B. „verantwortungslose" Eltern oder eine alleinerziehende, zeitlich überbelastete Mutter habe! Das gibt es, ganz ohne Zweifel. Das betrifft das Element „Soziale Herkunft" und das damit verbundene Mehr oder Weniger an kulturellem Kapital, nicht die genetisch vorgegebene kognitiven Fähigkeiten und die Arbeitshaltung. Solche Handicaps seien in der Regel nicht wettzumachen meinte eine Rektorin.

Lehrer der fünften Jahrgangsstufe, befasst mit Schülern, bei denen die Schullaufbahnempfehlung am Ende der vierten Klasse „Hauptschule" war, sagten mir, „Wer jetzt bei uns ist, der ist hier völlig richtig und wäre falsch im Gymnasium oder an der Realschule". Dies hat die Bildungsforschung meiner Kenntnis nach nicht untersucht bzw. zum Thema gemacht. Es gibt natürlich sozial überaus ungünstige Ausgangslagen, quantifiziert wurde das nicht. Auch nicht, wie viel Fälle noch übrig blieben, wenn alle Hilfsangebote der Gesellschaft auch konsequent genutzt worden wären. Es gibt heute viele Unterstützungsangebote, wie bereits erörtert. Allen voran die gebundene und offene Ganztagsschule, die außerfamiliären Unterstützungseinrichtungen für die Kinder im 3., 4. und 5. Lebensjahr, das „Bildungspaket" von Frau von der Leyen und zahllose private Hilfsprojekte.

Ist es einem einfachen Elternhaus heute nicht zuzumuten, den Kontakt zur Schule zu pflegen, nach dem Bildungspaket oder Coaching-Angeboten zu fragen? Zu fragen, wo sich die Bücherei befindet, so dem Kind das Buch nahezubringen oder ihm aus einem Buch eine Gute-Nacht-Geschichte vorzulesen? Ich denke doch und das ist machbare persönliche Verantwortung, wir sprechen hier nicht von pathologischen Familienverhältnissen. Und das kann die Gesellschaft einfordern, bevor man von Benachteiligung redet, die es durchaus geben mag, was ist denn schon perfekt? Eine Gesellschaft wird sich mittelfristig immer nach Motivation und Leistungsbereitschaft ihrer Mitglieder schichten.

Wie ist es zu erklären, dass sog. bildungsferne Schichten genau wissen wie es um die Möglichkeiten bestellt ist, Sozialleistungen zu erreichen. Genau wissen, wie man an einen Metro-Ausweis herankommen kann, wo es den günstigsten Gebrauchtwagen gibt. Welche Flüge in die Heimat die günstigsten sind. Aber keinen Ehrgeiz entwickeln, sich um die schulische Laufbahn ihrer Kinder zu kümmern und um die vielfältigen Unterstützungsangebote der Schule bzw. der Gesellschaft?

Diese Menschen sind nicht dumm und hilflos. Die Bildungsforschung sollte sich mehr mit deren Kalkül für ein erfolgreiches Leben beschäftigen.

Welcher Verfassungsartikel verpflichtet den Staat, die Familie bezüglich der Einhaltung ihrer Erziehungsverantwortung zu überwachen bzw. den Eltern diese abzunehmen, solange die Dinge nicht pathologisch oder strafrelevant sind?

Interessierten sich die Bildungsforscher bislang dafür, ob die Elternverantwortung für die Entwicklung des Kindes, von den Eltern auch wirklich wahrgenommen wird (natürlich an mindestens zehn Kriterien abgeprüft)? Oder wie sie zu entwickeln sei? Wer diesen Aspekt aus der Analyse ausschließt, muss sich selektive Beobachtung vorwerfen lassen.

Es bleibt sicher das Faktum, dass Kinder aus begüterten Elternhäusern, wenn sie kognitiv und von der Bildungsaspiration bestenfalls nur Durchschnitt sind, es wegen der größeren Unterstützungsmöglichkeit durch die Eltern leichter haben. Sie nehmen aber deshalb den anderen keinen Platz weg.

Die Idee einer „Rundumversorgung" von einzelnen Gruppen, auch bei der Bildung, ist völlig inkompatibel mit den Prinzipien, wie eine Mittelverteilung in einer Demokratie funktioniert. Es geht hier nie um die absolute Befriedigung gesellschaftlicher Bedürfnisse, sondern immer nur um graduelle. Es kann auch nie um die Leugnung familiärer Verantwortungen gehen.

5 Die Methodik, Diskriminierung zu ermitteln

Um die entsprechende These zu generieren war man gezwungen, ein Parallelsystem zum Bewertungssystem der Schule aufzubauen, da man ja nicht leugnen kann, dass die beiden großen geltenden Systeme zur Schullaufbahnempfehlung, keine formale Lücke für Ungerechtigkeiten lassen. Natürlich spielt auch die nur schwere Vergleichbarkeit, selbst der Schulsysteme im föderalen Deutschland, dabei eine Rolle.

Man führte statt der Noten die Leseleistung, sowie die Matheleistung und ein eigenes System für naturwissenschaftliche Kenntnisse ein. Und einen Intelligenztest, der eigentlich nur unter gewissen Bedingungen zulässig ist.[20].

Man bemühte internationale Vergleiche, allerdings bezweifle ich die Vergleichbarkeit im Detail eines so kulturgebundenen Phänomens wie es die Bildung ist.

Als Darstellungsmedium dient zunächst die Aufteilung der Schüler nach EGP Klassen. EGP Klassen sind ein höchst komplexes soziologisches Konstrukt. Die Basis bildet ein Schema, das aus „Stellung im Betrieb“ und „Beruflicher Stellung Stellung/Berufsgruppe“ gebildet wird. Siehe Anlage Nr. 2 . Aus diesem Grundmaterial werden dann sieben Gesellschaftsklassen gebildet. Ich meine, dieses Schema für Schülereltern aus dem IGLU 2006-Material zu generieren oder gar international vergleichbar herzustellen, vor allem auch reproduzierbar, ist fast ausgeschlossen. Zudem dürften sich die EGP Klassen implizit, mit hoher Wahrscheinlichkeit, nach absteigender Bildungsaspiration sortieren. Auf eine Antwort auf meine diesbezügliche Fragen an das zuständige Institut warte ich bis heute vergeblich.

Der Vorgang dürfte weiter wie folgt sein: Im nächsten Schritt wird geprüft, wie z.B. die Leseleistung, als zentrale Kompetenz, bei den Schülern nach EGP- Klassen ausgeprägt ist. Im nächsten Schritt sammelt man die abgegebenen Gymnasialempfehlungen, die den Schülern in jeder EGP-Klasse gegeben werden. Sodann will man feststellen, wie viele Schüler in % der EGP-Klasse die Mindestleseleistung für eine Gymnasialempfehlung erreichen. Angenommen 25 % der Kinder einer EGP-Klasse erreichen dieses erforderliche Niveau. Dann wird verglichen, wie viele der Kinder derselben Klasse eine Gymnasialempfehlung bekommen haben. Stellt man fest, nur 18 %, dann sei damit die Chancenungerechtigkeit festgestellt. Soweit die erkennbare Theorie.

EGP Gruppierung gemäß IGLU 2006

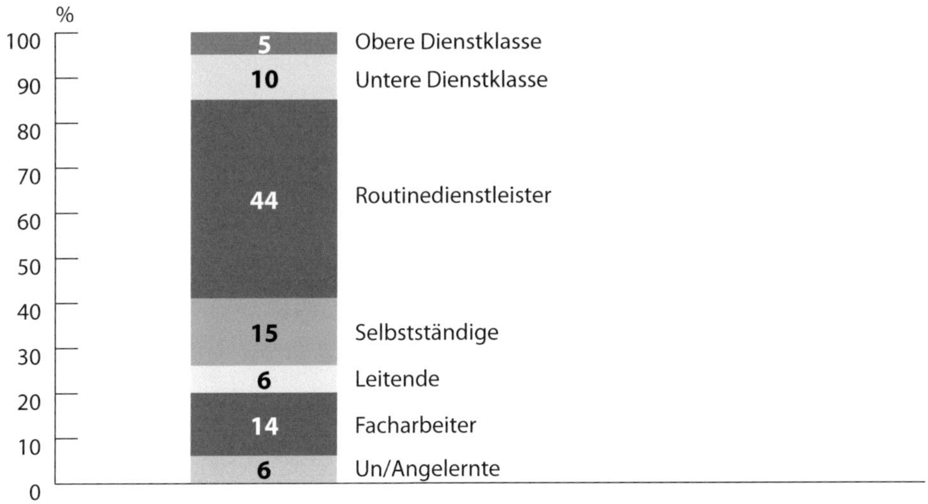

Quelle und Basis: IGLU 2006, Dokumentationsband, S. 111.

Man vergleicht nun oft die „Obere Dienstklasse" mit der Klasse VII, „Un- und Angelernte" anhand der ODD Ratios der jeweils erteilten Gymnasialempfehlungen. Ich bezweifle die Sinnhaftigkeit solcher Auswertungen.

Der sachgerechte Test

Man unterließ es, die angebliche Chancenungleichheit in der Form nachzuweisen, dass man Schülergruppen nach jenen 26 Kriterien[21] bildete, die gemäß Bildungsforschung nötig sind, um Gymnasialreife zu attestieren und darauf Schullaufbahnempfehlung zu geben. Dann wären das kriterienbasierte Gruppen gewesen, unabhängig von irgendeiner Gesellschaftsschichtung. Bei diesen hätte man die ODDs der Gymnasialempfehlung korrekt bilden können. Warum geschah das nicht? Die Daten wären vorhanden gewesen. Wäre so eine Erkenntnis auch noch gewollt?

Auch eine Klassenbildung nach Bildungsaspiration der Eltern und entsprechende ODD Ratios wäre aufschlussreich gewesen.

Nur wenn man die Schüler nach jenen 26 Elementen als gymnasialreif klassifiziert hätte, sie aber trotzdem nicht aufs Gymnasium gekommen wären, dann würde ich von Diskriminierung sprechen. Außerdem wäre vorher noch zu prüfen, ob nicht die Realschule die weitaus bessere Option gewesen wäre. Warum machte man das nicht, obwohl die Basisdaten in IGLU 2006 und anderen vergleichbaren Studien weitgehend vorhanden waren?

6 Lobbying durch die Eltern

Bleibt dann noch der Vorwurf, dass die Eltern in großer Zahl die Lehrer intensiv mit der Schullaufbahnerwartung „Gymnasium" bedrängen. Dies wiederum weisen die Lehrer zurück, wobei es Lehrer gibt die in Einzelfällen bestätigen, dass dieses Engagement sie schon bei der Benotung beeinflussen würde.

7 Intelligenztests und IQ

Arbeiterkinder würden bei gleichen kognitiven Fähigkeiten bezüglich der Gymnasialempfehlungen diskriminiert.

Ob Intelligenztests besser sind als Noten zur Beurteilung einer Realschul- oder Gymnasialreife ist unter den Rektorinnen, mit denen ich gesprochen habe, umstritten. Zum einen wird er als brauchbare Zusatzinformation gesehen, zum anderen wird bemängelt, dass der Intelligenztest (KTF) sprachgebunden ist und der sprachneutrale (CTF) doch nicht die gewünschte Sicherheit vermittelt.

Außerdem gäbe es beim IQ deutliche Veränderungen über die Grundschuljahre meinte ein leitender Schulpsychologe mir gegenüber.

Ist Intelligenz erblich? Ein Kommentar zum Buch von E. Zimmer[22]:

„Es dokumentiert den Stand der internationalen Intelligenzforschung anno 2012. Dabei stimmen viele Ergebnisse mit dem überein, was wir im Alltag wahrnehmen. Zum Beispiel schneiden Menschen, die wir für intelligent halten, in Intelligenztests gut ab.

Das klingt erst einmal beruhigend, allerdings nicht unbedingt politisch korrekt. Zum Beispiel, wenn man herausfindet, dass Fördermaßnahmen für Leute mit niedrigem IQ nicht viel helfen. Wer sich für einen Verteidiger der Schwachen hält, nennt das dann oft Diskriminierung. „Es gehört zum politischen Schick, missliebige wissenschaftliche Befunde nicht zur Kenntnis zu nehmen, sondern lieber wegzumobben", so Zimmer. (...) einige Ergebnisse: Der IQ ist genetisch bedingt. Umwelteinflüsse haben einen geringeren Effekt, der mit dem Alter auch noch abnimmt. Wenn, sagen wir, Herr Friedrich deutlich intelligenter ist als Frau Berg, dann ist das vererbt, nicht nur, aber überwiegend. Mit Training kann man in Intelligenztests besser abschneiden, aber nicht viel. Mit Förderung kann man den IQ steigern, doch leider hält der Effekt nicht lange vor. Allerdings helfen auch kleine Intelligenzsteigerungen, um mit dem Leben besser zurechtzukommen.

Ein hoher IQ in der Pubertät ist der stärkste Prädiktor für beruflichen Erfolg. Status und Bildung der Eltern haben ebenfalls Einfluss. Wobei deren Status und Bildung (im Durchschnitt, nicht im Einzelfall) wiederum von ihrem IQ abhängt, den sie – eben – an ihre Kinder vererbt haben. **Ausgleichen kann man mangelnde Intelligenz durch Motivation, Gewissenhaftigkeit, Ausdauer, Extrovertiertheit und Ehrgeiz, alles Begriffe, die wir im Alltag mit beruflichem Erfolg verbinden.**

Dennoch bleiben deutlich quantifizierbare Intelligenzunterschiede unter den Berufen. Einige Zahlen, die aus einem Test der Bundesanstalt für Arbeit berechnet wurden: Chemielaboranten kommen auf einen Durchschnitts-IQ von 114, Augenoptiker auf 113, Dachdecker auf 94, Maler und Lackierer auf 90. Eine andere Studie sieht Rechtsanwälte bei einem IQ von durchschnittlich 120, Redaktionsleiter bei 116, Lagerarbeiter bei 94 und Packer bei 88. Linda Gottfredson, Verfasserin der Studie, weist darauf hin, dass die Berufsmöglichkeiten oberhalb eines IQs von 120 fast unbegrenzt sind. Unterhalb von 75 aber gibt es praktisch keine Stellen mehr, mit Ausnahme von betreutem Arbeiten".

Intelligenztests sind zugleich Motivationstests[23]

„Wie die BBC berichtet, zeigen die Ergebnisse der Studie, dass Personen, die besonders hohe Werte bei einem IQ-Test erzielen, wesentlich ehrgeiziger und motivierter sind als Kinder mit einem angeblich niedrigen IQ. Versprach man etwa den Jungen, die schlechte Werte vorwiesen, Geld für gute Leistungen bei der Bearbeitung eines Intelligenztests, verbesserten sich die Ergebnisse zusehends.

Die Jungen, die in den Achtziger Jahren im Schnitt zwölfeinhalb Jahre alt waren, wurden auch mit der Kamera beim Ausfüllen der Tests beobachtet. Vor allem die Kinder mit einem schlechten IQ-Ergebnis zeigten schon bei der Bearbeitung schnell

Anzeichen von Langeweile und Ablenkung. Sie gähnten, rutschten herum, versuchten so schnell wie möglich irgendwie fertig zu werden.

Wahrscheinlich messen Intelligenztests gleichermaßen Intelligenz wie Motivation. **Vor allem schulische Leistungen stimmen erstaunlich exakt mit den Testergebnissen von Intelligenztests überein.** Auch der berufliche Erfolg, der viel mit Selbstdisziplin und Leistungswillen zu tun hat, kann über Intelligenztests bei Kindern treffend vorhergesagt werden. Eltern sind also gut beraten, ihre Kinder schon von klein auf daran zu gewöhnen, für Leistungen zu arbeiten, durchzuhalten und mit Disziplin an Aufgaben heranzugehen."

Zumindest auseinandersetzen sollte sich die Bildungsforschung mit solchen Befunden, bevor man die hohe Wahrscheinlichkeit der Diskriminierung des „Arbeiterkindes" immer wieder ganz pauschal glaubt behaupten zu müssen.

Ich schließe daraus, dass die Aussage vieler Bildungsforscher, die Benachteiligung einfacher Gesellschaftsschichten bei Gymnasialempfehlungen „bei gleichen kognitiven Fähigkeiten" auf keinem sicheren Fundament steht, da ja angeblich solche Tests sehr gut mit den Noten korrelieren[24] und diese wiederum mit der Lehrerempfehlung für die weitere Schullaufbahn.

Sind Intelligenztests bewährt? IGLU und PISA machen sie. Akzeptiert durch die Kultusministerkonferenz sind sie offenbar nicht. Sonst hatte man schon längst solche Testes als obligatorische Kontrollmethode zu Schulzeugnissen einführen können, ja sogar müssen. Das zu fordern, traut sich offenbar auch die Bildungsforschung nicht, sie wird wissen, warum. Ist es dann richtig, die eigene Argumentation gänzlich darauf zu gründen?

Karl Lauterbach, MdB, meint dazu schon 2007[25]: „Dabei könnten ähnlich wie in den Vereinigten Staaten auch Tests eingesetzt werden. Sie sind oft die einzige Möglichkeit, früh Begabungen auch von Kindern aus Problemfamilien zu entdecken … Leider werden sie aus ideologischen Gründen in Deutschland oft genau von denjenigen abgelehnt, denen es um Gerechtigkeit in der Schule geht."

8 Sprachkompetenz

Die Sprachkompetenz, ein zentrales, wenn auch nicht das einzige Element zur Wahrnehmung von Chancen.

Der Migrationshintergrund spielt für die Sprachfähigkeit und damit für die Entwicklung der Bildungs- und damit der Berufschancen eine entscheidende Rolle. Migrationshintergrund bedeutet oft fehlende Sprachkompetenz. Aber auch ein Leben vor dem Bildschirm, das heißt z. B. drei Stunden (!) Computerspielen pro Tag (im Schnitt bei allen Zehnjährigen)[26], führt sicher auch zur Verkümmerung der Sprach- und Sozialkompetenz.

Große Hebelwirkung erreicht man, wenn es gelingt, die Sprachkompetenz der ersten Ordnung (Sprachkompetenz in der Umgangssprache bei Migranten) sowie vor allem die Sprachkompetenz der zweiten Ordnung, das ist das Verständnis der Begriffswelt in seiner Bedeutungstiefe nachhaltig zu stärken, womit zugleich Kulturverständnis einhergeht. Das betrifft sowohl Kinder mit Migrationshintergrund als auch deutsche Kinder, die zum einen Teil unverschuldet (Alleinerziehungssituation) und zum Teil elternverschuldet, durch mangelnde Sorge und Bildungsaspiration, diese Kompetenz nicht genügend entwickeln können.

Es bestünde ein Zusammenhang, allerdings nicht durchgängig, zwischen sozialer Herkunft und schulischen Leistungen. Die Frage ist nur, was daran ist ungerecht? Und präzise ist auch diese Aussage nicht. Es gibt Eltern, ich kenne viele aus meiner Coaching Praxis, die zwar einfachsten Berufsgruppen angehören, deren Bildungsaspiration aber sehr gut ist, und dementsprechend auch die Leistungen ihrer Kinder.

Im Falle einer der betreuten Familie reichte es eben für den Ältesten zum Anlagenführer und für die jüngste, die Tochter, eben nur zur Verkäuferin. Der Vater ist Lagerarbeiter, die Mutter putzt. Ich kenne aber auch Fälle, in denen die Mutter putzt und der Sohn das Gymnasium bewältigt hat.

Die Politik sollte unermüdlich und im Gleichklang daran erinnern, je höher die Sprachkompetenz, desto besser der Schulerfolg, desto größer die Berufschancen, desto leichter der Weg in die Mitte der (Mehrheits-)gesellschaft. Sie ist das beste Mittel gegen Ausgrenzung und Missverständnisse.

Diesen Weg zu gehen ist Pflicht und Verantwortung des Einzelnen, der einzelnen Familie. Wer zur Sprache und den Grundwerten der Gesellschaft auf Distanz bleibt, darf sich nicht über Benachteiligung beschweren. Wer dies seinen Kindern vorlebt, womöglich von ihnen einfordert, der begeht – wenn ich Herrn Karl Lauterbach zitieren darf – Kindsmisshandlung.

D Quantifizierung: Warum die Zurückhaltung der Bildungsforschung?

Es geht darum, mit vorhandenen Mitteln etwas besser zu machen. Den Fall, dass Talente unverschuldet keine Schulkarriere machen können, den darf es nicht geben. Die Daten, um das zu quantifizieren, wären vorhanden gewesen. Mit Einbeziehung des Erfahrung und des Sachverstandes der Schulpraktiker, wäre Transparenz zu schaffen gewesen.

Abschätzung der Zahl von Schulkindern, die eventuell nicht ihrem Talent entsprechende Schullaufbahnen einschlagen mussten, ein Modell A.

Man beginne mit einer Segmentierung der fraglichen Schüler, die man – nach welchen Kriterien immer – als „arm" oder „benachteiligt" bezeichnen will.

Dazu habe ich in diesem Modell folgende Einkommensgrenze gewählt: In der Sprache des Statistischen Bundesamtes: „(Gesamt)-Einkommen der Lebensform" (~ Familie) bis netto ca. 1 900 € Monatseinkommen. Das umfasst lt. Mikrozensus 2010, Auswertung für den Autor, ca. 12 % der Schülereltern in der Grundschule in allen Bundesländern. Quelle: Einkommenssituation, Sonderauswertung aus Mikrozensus 2010 für den Autor.

Es besteht Konsens unter Schulleuten, die ich gesprochen habe, über die wichtigsten Erfolgsvoraussetzungen für den Schulerfolg:

- **Talent**
- **Arbeitshaltung**
- **Soz. Umfeld**

(Bildungsaspiration Eltern, Einstellungen, Anregungsniveau)

Bereits aus dem Material von IGLU 2006 hätte das dargestellt werden könnten.

Bildungseinstellung, Bildungsfähigkeit Schülersegmente

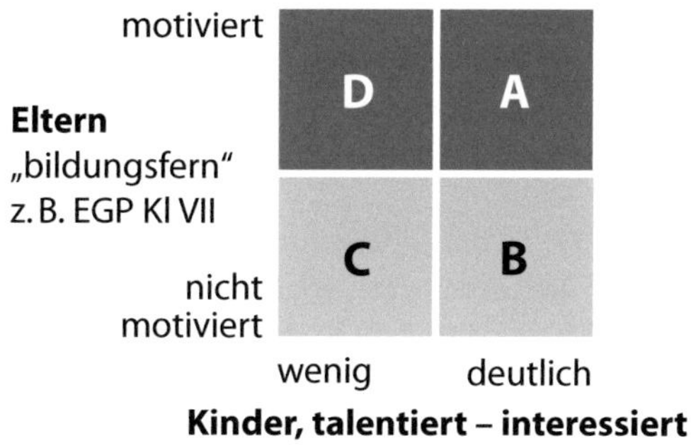

Modellrechnung, auf Schätzung basierend
(wäre von der Bildungsforschung für jedes Bundesland anzustellen)

Grundschüler Bayern: 4. Jahrgangsstufe, ca.		124 000
davon:	„arm" + bildungsfern", Potenzial nicht gesehen	6 %
		7440

Segment	Anteil, geschätzt	
A	20%	1488
B	15%	1116
Summe		**2604**
C	40%	2976
D	25%	1860
Summe gesamt	100%	**7440**

Segment	Maßnahmen:
A	Förderangebote unter starker Einbindung der Eltern
B	Förderangebote unter starker Einbindung der Eltern
C D	Guten Schulstandard bieten, neue Angebote nutzen, z. B. Bildungspaket!

Die Frage muss beantwortet werden, was hier, über die per 2012 realisierten Unterstützungsangebote noch bereitzustellen ist.

Quelle: Schulstatistik, eigene Berechnungen und Abschätzungen

Zur Erinnerung: Ca. 36 % einer 4. Jahrgangsstufe kommen in Bayern 2012 in die Mittel (Haupt) Schule. Nach der hier gewählten Modellannahme, 6 % seien zusammen genommen, arm, bildungsfern und in ihrem Potenzial nicht erkannt, und gehen wir weiter davon aus, diese wären alle auf der Hauptschule gelandet, dann wären das 17 % der Hauptschüler. Kein Schulpraktiker würde das bestätigen. So vorsichtig ist also diese Annahme.

Förderte man diese mit ca 2 600 € p.a. jeweils vier Jahre lang, dann wäre das eine Belastung für Bayern von 27 Millionen € p.a. Nicht berücksichtigt ist dabei dabei, dass das Bildungspaket des Arbeitsministeriums im Rahmen des Bildungspaketes „Bildung und Teilhabe" viele Mittel zur Verfügung stellt. Das wären für jeden Anspruchsberechtigten in der Zielgruppe 640 € . Dann blieben für den Freistaat noch ca. 20 Millionen bereitzustellen, wenn denn die unentdeckten Talente sich wirklich in der geschätzten Größenordnung bewegten.

Bliebe zu klären, wie viele Eltern von den im Beispiel errechneten 2 600 Schülern, das sind ca. 2 % der Schüler im vierten Jahrgang, bereits die verfügbaren Hilfsangebote nutzen, eben gerade das Bildungspaket.

IGLU 2006, S 277, zitiert zwei Wissenschaftler, Ditton & Krüske, die ermittelt haben, dass es den Lehrkräften nur bei 2% der Schüler wirklich schwer fiele, eine Schulempfehlung auszusprechen. Diese könnten benachteiligt werden.

Zum Erreichen einer höheren Schulform sagt C. Gresch, „zudem fällt auch die wahrgenommene Erfolgswahrscheinlichkeit, das Bildungsziel auf einer höheren Schulform zu erreichen ..., für weniger privilegierte Familien geringer aus, da sie, verglichen mit sozioökonomisch besser gestellten Eltern, weniger Möglichkeiten haben, das Kind in schulischen Belangen zu unterstützen[27]," z.B. Nachhilfeunterricht. Auch hier gilt, das deckt das Bildungspaket wesentlich ab, man müsste sich aber auch entsprechend bemühen, dessen Segnungen teilhaftig zu werden. Das ist Elternverantwortung, aber mit Hilfe der Schule. Hat allerdings jemand, der schon in der ersten Klasse des Gymnasiums Nachhilfeunterrichtbenötigt, obwohl er von der Entwicklungsreife her geeignet wäre, wirklich etwas auf dem Gymnasium zu suchen? Die jüngste Bertelsmann-Studie zu den Schulauf- und -absteigern, 11/2012, deutet anderes an.

Es ist mir nicht verständlich, warum man nicht solche, sehr einfach durchzuführende Quantifizierungen gemacht hat und sich stattdessen mit einer Vielzahl von Studienansätzen immer nur damit beschäftigt hat, ob eine „Benachteiligung" „Unterprivilegierter" nach ODD Ratio, gegeben sein müsste. Damit kann kein Bildungspolitiker etwas anfangen – behaupte ich.

E Statistik, es bleiben zahlreiche Fragen

1 Widersprüchliches bezüglich der Repräsentanz bei IGLU 2006

Repräsentanz. Hier ein Beispiel in dem die Ergebnisse der ISCED Schichtung in IGLU 2006 verglichen wird mit den entsprechenden Mikrozensus-Strukturen aus dem letztverfügbaren neuesten Mikrozensus (2010). „Familien, Bezugsperson jünger als 64, mindestens ein minderjähriges Kind nach ISCED Level". Damit dürfte jenes Bevölkerungssegment das „Eltern von Schulpflichtigen Kindern" darstellt, erfasst sein. So jedenfalls meine Erkenntnis aus dem Gespräch mit den Mitarbeitern des Mikrozensus.

Elternstruktur Grundschule nach Bildung (ISCED)

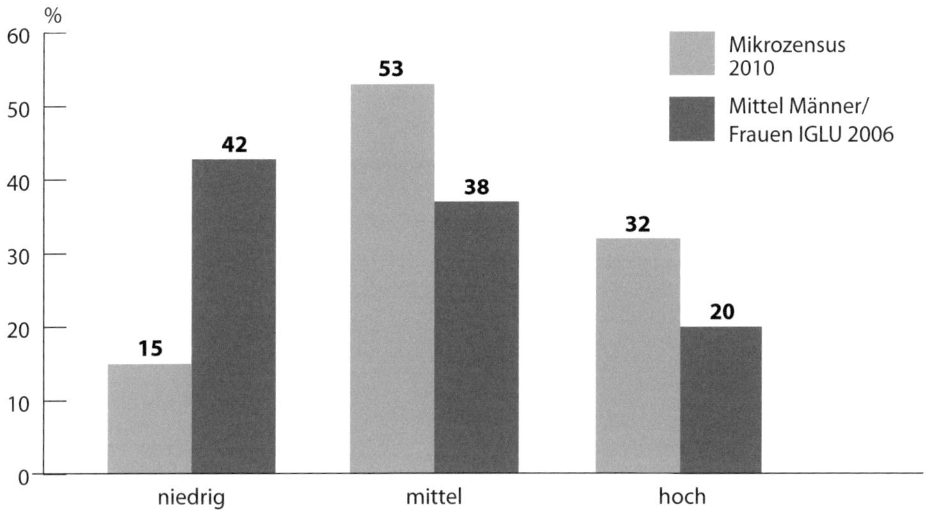

Quellen: Destatis; Sonderauswertung für den Autor aus dem Mikrozensus, Juni 2012
„Kinder nach Art der besuchten allgemeinbildenden Schulform, sozioökonomischen Status (HISEI-Wert) und ISCED der Bezugsperson in der Lebensform".

Auswertung der Frage S. 108 IGLU 2006, Dokumentation …

Wie man sieht, waren in der IGLU 2006 Studie, verglichen mit dem aktuellen Mikrozensus jene mit niedrigem Bildungsstand, also die bildungsferneren Schichten, stark überrepräsentiert.

Die Befragung war zudem freiwillig, was das Ergebnis relativiert. Jene, die die „Elternfragen“ beantwortet haben, waren zu mehr als 80 % die Mütter.

Ebenfalls auffallend: In einer europäischen Untersuchung zum Bildungsniveau der „Erwerbstätigen“, siehe S 29, wird gezeigt, dass in Deutschland nur mehr 10 % den ISCED Status „niedrig“ haben. Bei IGLU 2006 wären es 42 % gewesen.

Auch hier gilt: Wenn die internationalen Statistiken Zutreffendes aussagen.

2 Widersprüchliches aus der Statistik, Beispiele

2.1 Vorschulische, leseförderliche Aktivitäten

Es besteht Konsens, dass die vorschulische Förderung einen großen Einfluss auf die Schullaufbahn habe. Also erhob man die „Leseförderliche Aktivitäten in der Familie vor der Grundschulzeit 2006 in ausgewählten Staaten“[28].

An anderer Stelle hatte man die Lesekompetenz, die als die Kardinalkompetenz überhaupt gilt, in IGLU 2006 erhoben[29]. Man möchte meinen, dass die vorschulische Förderintensität und die Lesekompetenz stark positiv korrelieren:

Vorschulische leseförderliche Aktivitäten vs. Leseleistung im 4. Jahr

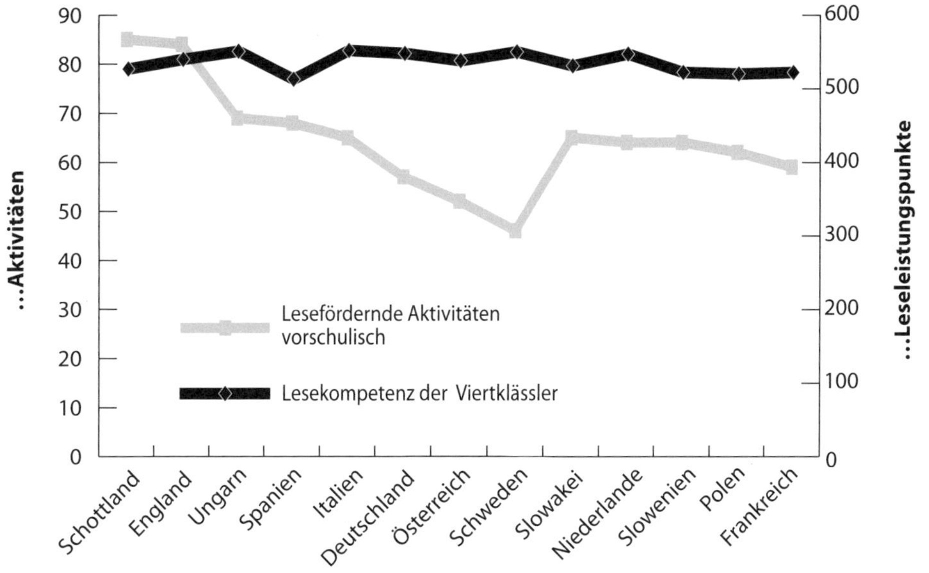

Quellen: Lesefördernde Aktivitäten vor der Grundschulzeit, Bildungsbericht 2012 S. 238 und Leseleistung (Mädchen Jungen, Viertklässler, Mittelwert), IGLU 2006, S. 202

Das Bild sagt aber aus, dass die vorschulischen leseförderlichen Bemühungen nichts mit der Lesekompetenz in der vierten Jahrgangsstufe zu tun haben.
Leider wurde der Lesekompetenz fast nie die Schulnote gegenübergestellt.
Man könnte daraus auch lesen, dass sich ein eventueller Vorsprung über die Grundschulzeit völlig egalisiert. Oder Kinder sind eben viel lernfähiger als wir glauben. Oder es ist eben wieder mal die Fragwürdigkeit internationaler Statistiken.

Hierher ist noch eine andere Ungereimtheit zu stellen. Man kann zeigen, dass – sehr verkürzt – die „Herkunft" und die Schulleistungen positiv korrelieren. Eine zentrale Kompetenz ist die Leseleistung, bei der sich das zeige. Andererseits stellt IGLU 2006 fest, dass sich die in der Grafik genannten Staaten, mit Ausnahme Italiens und den Niederlanden, der „Leistungsvorsprung im Leseverständnis von Kindern aus Familien aus dem oberen Quartil der sozialen Herkunft von denen aus dem unteren Quartil" **nicht** signifikant unterscheide.

2.2 Beispiel „Diskriminierung beim Hochschulzugang"

Die Kinder hochgebildeter Eltern dominierten in Deutschland die Universitäten. In Finnland sei die Durchlässigkeit des Systems größer, dort gleiche das Schulsystem „Nachteile qua Herkunft" aus, so der OECD–Experte Andreas Schleicher[30].

Durch nationale und internationale „surveys" sei hinlänglich belegt, dass in Deutschland nach wie vor ein enger Zusammenhang zwischen Herkunftsmerkmalen, Bildungsbeteiligung sowie Kompetenz und Zertifikatserwerb besteht[31]

Aber wie steht es dann in den Vorzeigeländern Dänemark und Finnland?

„Wie Herkunft über die Chancen von jungen Menschen bestimmt" titelte die Süddeutsche Zeitung über diese Graphik aus der neuesten OECD-Studie „Education at a Glance 2012"[32]. In der dort gezeigten Graphik wurden allerdings verschämt die Länder Dänemark und Finnland nicht gezeigt, denn die Werte dieser Vorzeigeländer passen ja nicht zum Vorwurf, Deutschlands „Bildungssystem benachteilige die Schwächeren", hätte also einen ausgesprochenen „Herkunftsbias". Ein Vorwurf, der mit Verweis auf die 58 % Studenteneltern mit „hoher Bildung", wieder mal erhoben worden ist.

Wie sich jedoch zeigt, ist dieser Anteil in den Vorbildländern Dänemark und Finnland noch viel größer, wenn denn diese internationale Statistik auch wirklich stimmt.

Anteil der Studenten nach Bildungsstand der Eltern 2009

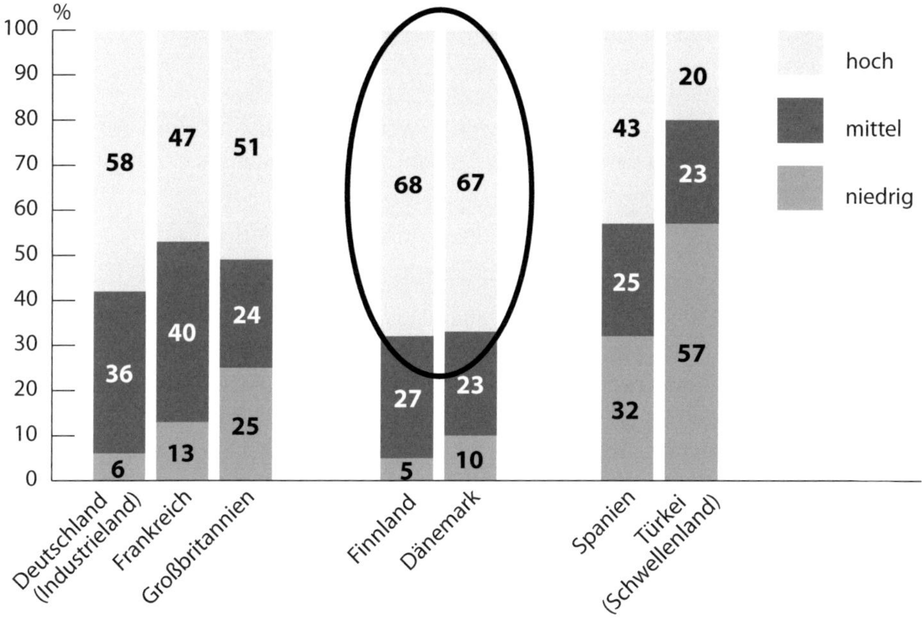

Quelle: Education at a Glance 2012, Table AS 6.1 Participation in higher education, by parents' educational attainment 2009

Es wurde auch versäumt, auf den natürlichen Unterschied zwischen einem Schwellenland und einem alten Industrieland bezüglich dieser Strukturen hinzuweisen. Dies ist für mich auch ein Beleg einer selektiver Beobachtung.

2.3 Bildungsausgaben und Effizienz

In derselben Studie werden auch die Bildungsausgaben berichtet.
Nur: Die Frage der Effizienz eines Bildungssystems bleibt unberücksichtigt. Dänemark liegt bei den „Bildungsausgaben" wie in der zitierten OECD Studie dargestellt relativ und pro Kopf weit vor Deutschland.

Nur: Die Ergebnisse bei naturwissenschaftlichen Kompetenzen liegen bei Mädchen und Jungen in Dänemark klar unter den der Deutschen[33] und bei der Leseleistung knapp darunter[34].

Bildungsausgaben: Spitzenreiter Korea, 8 % vom BIP aber 19 % Jugendarbeitslosigkeit! Entsteht da nicht der Eindruck, internationale Vergleiche im Bildungssystem sind durch das praktizierte „data picking" der Bildungsforscher fragwürdig?

Ich begrüße internationale Vergleiche, neudeutsch Benchmarking, ausdrücklich. Vorausgesetzt man hat zweifelsfrei verstanden warum der Benchmark so gut und er mit dem eigenen Land kulturkompatibel ist. Benchmarking ist auch eine ausdrückliche Forderung der KMK vom 4. 3. 2012.

2.4 Die dichotome Betrachtungsweise

Nur den Gegensatz „ Gymnasium" vs. „Alle anderen Schularten" darzustellen (dichotom) führt zu Verfälschungen. Das sagt auch die Bildungsforschung selbst. Deutlich sichtbar wird es bei einer der Hauptaussagen von IGLU 2006 „Gruppenspezifischer Standard („kritischer Wert" *Leseleistung*) für eine Gymnasialpräferenz der Lehrkräfte bzw. der Eltern", nach EGP Klassen[35].

Kommentar dazu: „ Kinder aus bildungsfernen Elternhäusern erhalten von ihren Lehrern und Eltern erst bei deutlich höheren Leistungswerten (es geht aber nur um *die Leseleistung*, man bemerke diese Begriffswahl) eine Gymnasialpräferenz als Kinder aus bildungsnahen Elternhäusern …"[36].
Es wird konstatiert, dass die Kinder aus besser gestellten Verhältnissen im Schnitt bessere schulische Leistungen haben[37].

Die Realschule als beliebte weitere Option einfach auszublenden, finde ich nicht korrekt. Außerdem werden keinerlei Motive genannt, warum diese Wahl getroffen worden ist. Und ob die Leseleistung alleine relevant ist für eine Gymnasialempfehlung, ist doch auch eher eine willkürliche Annahme.

2.5 Methodenstreit über „Chancen" und „Wahrscheinlichkeiten"

Verwiesen sei auf die entsprechende Darstellung von Prof. Brüderle, siehe Anlage Nr. 1.

2.6 Die Volatilität von Einschätzungsabfragen

Beispiel die Zufriedenheit der Elternschaft mit den Lehrern. In IGLU 2006, Dokumentation S. 101, wurde die Zufriedenheit mit „kaum gegeben" bewertet. In der Emnid Umfrage 09 2012 steht: 90 Prozent der Befragten sind von der Fachkompetenz ihrer Lehrer überzeugt, 84 Prozent halten sie für gerecht, 80 Prozent für sehr engagiert. Sie könnten Interesse bei den Schülern wecken (81 Prozent), gut erklären (78 Prozent), seien an einer guten Beziehung zu ihren Schülern (88 Prozent) und zu den Eltern (84 Prozent) interessiert.

Das sind eben die Schwächen der Sozialforschung. Sie kann keine naturwissenschaftlichen Aussagen machen.

3 Problematik internationaler Vergleiche

Die Fragwürdigkeit internationaler Vergleiche beginnt schon bei der Terminologie (Arbeiterkind, white oder blue collar workers, „armer Haushalt") wegen der kulturellen Bestimmtheit von Bildungssystemen. Ganz besonders schwierig ist es EGP Klassen, ein äußerst komplexes Konstrukt, siehe Anlage Nr. 2, international vergleichbar zu machen, da fundamental kulturgebunden. Sie sind das Herzstück der Diskriminierungsargumentation (ODD-Ratios) im internationalen Vergleich.

Das internationale Datenmaterial kann kaum die Qualität eines Gesamtbildungssystems beschreiben. Z. B. sind die Aufstiegsmöglichkeiten, die das duale Bildungssystem in Deutschland bietet (auch in Österreich) meiner Kenntnis nach nie wirklich bewertet worden. Deutschland hat zudem die breitesten Schullaufbahnoptionen unter den EU-Ländern, Gymnasium ist nicht die einzige Option. Wurde untersucht in welchen Ländern ein, dem deutschen System vergleichbarer „Zweiter Bildungsweg" existiert? Wie ging dies in diese „Vergleiche" ein?

Man kann dem Bildungsexperten der Österreichischen Wirtschaftskammer nur zustimmen (Presseerklärung vom 11. 9. 2012):
„In jenen Ländern gibt es kein Duales Ausbildungssystem wie in Österreich mit einer quasi ‚Berufsgarantie', daher gehen viele Jugendliche den Weg in den tertiären Bildungsbereich, ohne je eine realistische Chance auf einen entsprechenden Job zu haben. Der Anteil der Hochschulabsolventen in der Bevölkerung ist daher weniger wichtig, sondern es muss vielmehr darum gehen, sich möglichst rasch beruflich zurechtzufinden und eine Erwerbstätigkeit mit Zukunftsperspektiven aufbauen zu können." Aber es werden in den internationalen Vergleichen ja nur die Hochschulabsolventen als solche gezählt. Welchen Nutzen sollten solche Vergleiche haben? Doch nicht die Erkenntnis, Deutschland hätte „zu wenig Akademiker". Ein ständig wiederholter OECD-Vorwurf, wie man sieht auf wackeligen Beinen.

Die These von der Selektivität des Deutschen Bildungssystems im internationalen Vergleich ist bei Berücksichtigung solcher Gegebenheiten nur schwer zu verstehen.

Man könnte auch argumentieren, das deutsche Schulsystem ist leistungsorientierter und damit sind die leistungsstarken Schüler auf den höheren Bildungswegen natürlich überrepräsentiert. Also geht es in anderen Ländern nicht gerechter zu, sondern es werden ggf. für eine geringere Leistung bessere Noten verteilt. Michael Gove, der Englische Bildungsminister, stellte im September 2012 fest, er wolle der Inflation der guten Noten (in Großbritannien) ein Ende setzen, so berichteten Zeitungen.

F Zur Kritik am Bildungssystem Deutschlands

1 Experimentieren in Deutschland

Deutschland kennt wegen des Bildungsföderalismus eine Fülle von Bildungsexperimenten, je nach politischer Führung im Lande. Wo sind die Sieger in diesem Wettbewerb? Es scheint der Bildungsforschung nicht möglich zu sein, selbst im nationalen Rahmen, ein „bestes Bildungssystem" zu küren.

Der „Chancenspiegel" (2012), der das leisten sollte, wird in seinen Aussagen salomonisch: „Man möge einfach von andern, die etwas Tolles machen, lernen" [38] Es sind beim Chancenspiegel teils dieselben Menschen am Werke wie bei IGLU 2006, „Bos et al.".

2 Zwei Befunde zur Situation

Der „Bildungsbericht 2012" konstatiert:

„... dass im dritten Lebensjahr 54 % der Kinder in vorschulischen Einrichtungen betreut werden **und ab dem dritten Lebensjahr nutzten dann nahezu alle Kinder Angebote frühkindlicher Bildung außerhalb der Familie**[39]**"**. Auch das scheint mir die Position der Diskriminierungsvertreter stark zu relativieren, vor allem wenn man bedenkt, dass ihre Daten zur Benachteiligung größtenteils aus 2006 und vorher stammen. Daten, die bereits über eine „Grundschülergeneration" alt sind und immer noch verwendet werden. Jüngstes Beispiel ist der „Chancenspiegel 2012". Der greift auf Daten von 2006 zurück, wenn er von Ungerechtigkeiten im Bildungszugang spricht. Sie dürften 2012 nur mehr eingeschränkte Relevanz haben.

Aussage von Lehrern, die ich befragt habe – sicher nicht repräsentativ – zum Stand der Umsetzung der Anregungen der Kultusministerkonferenz, basierend auf den Ergebnissen der Schulforschungsprojekte der letzten zehn Jahre: „Die Umsetzung ist bei vielen Themen gelungen".

3 Unerklärlicher Aufstieg „einfacher Menschen" aus der Agrargesellschaft des 19. Jahrhunderts oder aus den Trümmern des Zweiten Weltkriegs 1945

Wie erklärt sich der Aufstieg „einfacher" Menschen über drei oder vier Generationen zu Akademikern? Damals gab es noch keine Bildungsforschung, die sich über „Disparitäten" beklagte und deutlich weniger Wohlstand. Für jeden war dieser Aufstieg hart. Aufstieg ist immer hart und besonders für Migranten (siehe Anhang). Auch heute geht es nur mit Leistungswillen und Disziplin. Warum sollte heute die Selbstverantwortung nicht mehr gelten noch dazu unterstützt von zahlreichen staatlichen und privaten Hilfsangeboten, die es früher so nicht gegeben hat?

4 Ausbildungsniveau der Erwerbstätigen international

Betrachten wir einmal das durchschnittliche Bildungsniveau in vergleichbar großen Ländern („Peers") und den sogenannten „Vorbildländern" wie Schweden oder die Niederlande. Deutschland hat die beste Bildungsabdeckung verglichen mit allen wirklich vergleichbaren Ländern. Lediglich 10 % haben in Deutschland nur einen Pflichtschulabschluss vorzuweisen.

Erwerbstätige (25–74 Jahre) – nur Pflichtschulabschluss, in % der Erwerbstätigen

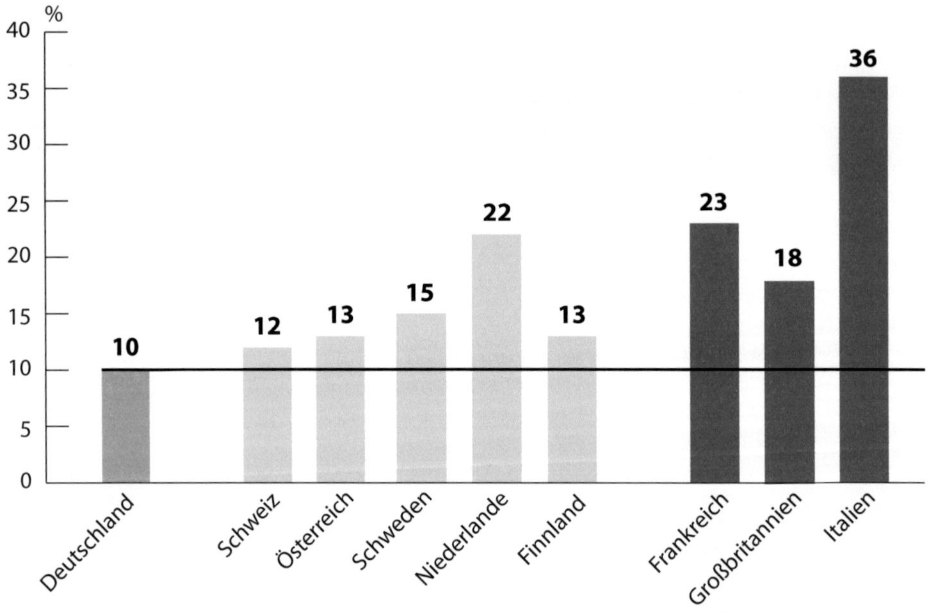

Quelle: Schweizerisches Bundesamt für Statistik
BFS 2011 Internationale Arbeitsmarktindikatoren, Tabelle T 56, S. 122

5 Kultur und Sozialisation von Leistungswillen

Nicht gerade für die generelle Postulierung einer Diskriminierung spricht auch eine Münchener Schülerstatistik zu Kindern mit Migrationshintergrund. Wäre der soziale Status das alleinig prägende Merkmal, dann müssten alle Migranten eine sehr ähnlich Schulkarriere machen. Die meisten von ihnen die hier ankommen dürften eher in bescheidenen ökonomischen Verhältnissen leben und gleichermaßen vor der Sprachbarriere stehen. Trotzdem gibt es sehr große Unterschiede in den Schulkarrieren. Das ist für mich zumindest ein Indikator, dass die soziale Ausgangslage nicht die übergroße Bedeutung hat, die ihr von der Bildungsforschung und dann gern von der Presse zugemessen wird.

Bildungsbeteiligung, 5. Klasse, München, 2008; Werte in Prozent

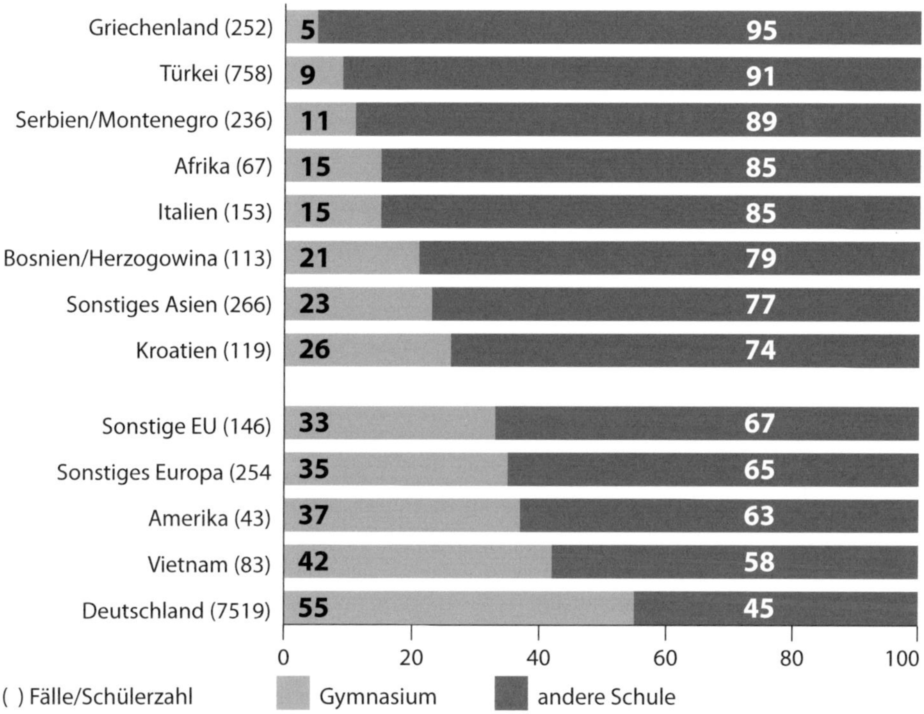

Quelle: Süddeutsche Zeitung 18. 7. 2008

Leider wurde die Realschule nicht getrennt ausgewiesen.

Führt die unterschiedliche Kulturakzeptanz und Bildungsaspiration zu dieser Verteilung? Da mag auch die geübte Einwanderungspolitik, die deutlich anders ist als in den USA oder auch in der Schweiz, eine Rolle spielen.

6 Spezialfall Migration

Die „normale" Migration nach Deutschland, so sie nicht kriegsverursacht ist, ist heute anders als jene im 19. Jahrhundert in die Neue Welt. Sie kennt keine Verfolgung und empfindet die neue Heimat oft nicht als Befreiung, so wie dies bei den Einwanderern in die USA der Fall gewesen ist. Viele, vor allem Moslems, erscheint sie oft als direkter Widerspruch zur eigenen kulturellen Sozialisierung und Wertewelt, werden sie hierzulande mit den oft zu freizügigen Medienprodukten, z. B. Pornografie, konfrontiert. Das schafft Distanz und fordert und erschwert die Integrationsbemühungen ständig. Behält die Migrantenfamilie diese Distanz zu dieser westlichen Industriegesellschaft, wie sie nun einmal ist, dann kann das allerdings nachhaltig den Aufstieg behindern. Und das ist dann kein Fall von Benachteiligung. Familien, die bereits mehr als zehn Jahre hier leben, wissen ganz genau, welche Wahl sie treffen.

Die Gesellschaft ihrerseits täte gut daran, sich a-priori-Ablehnung oder pauschalen Urteilen gegenüber Migranten zu enthalten.

Mir unverständlich ist der Erklärungsversuch von Berlins Arbeits- und Integrationssenatorin Dilek Kolat zur Initiativlosigkeit von Eltern in Bildungsfragen (28. 9. 2012 SZ): „Das sind keine unwilligen Bildungsbürger, sondern zumeist Familien, die über Generationen hinweg kaum Schulbildung erhalten haben. Wenn man gezielt mit diesen Eltern redet und fragt, ob sie wollen, dass ihr Kind es besser hat, dass es einen Job hat statt Arbeitslosengeld II, dann sagen die meisten Ja". Wir sprechen hier von Leuten die in aller Regel mehr als zehn Jahre oder sogar seit mehr als einer Generation im Lande leben. Glaubt man wirklich, sie wären nicht fähig, nach so langer Zeit , von sich aus Informationen über das Grundschulwesen in Deutschland einzuholen? Nicht mal das selbstverantwortlich leisten zu können? Diese Menschen sind doch nicht dumm. Sie haben vielleicht ein anderes Kalkül.

Migration und der türkisch-deutsche Konsens in den 60iger und 70iger Jahren

Ich denke, gerade was die muslimische Immigration aus der Türkei betrifft, vermeidet man ein Thema. Eine Interessenskoinzidenz. Die deutschen Investoren vor allem in Kohle und Stahl sahen in den 60iger Jahren das Ende der Profitabilität der Branche in Deutschland nahen. Ziel war daher, die Rentabilität zu stabilisieren.

Andererseits begann in der Türkei eine Landflucht Richtung Istanbul, durchaus vergleichbar mit den Dingen, wie wir seit den 90iger Jahren aus China kennen. Schon unter Demirel zeichnete sich eine patente Lösung ab: Diese Landflüchtlinge aus der Türkei für die deutsche Kohle- und Stahl-Branche, aber auch für die Autoindustrie zu rekrutieren. Dass sich nicht die Begabtesten für so eine Zukunft entschieden, liegt wohl auf der Hand (Walraff: „Ganz unten", 1985).

Dies belegen auch die Forschungsergebnisse von Prof. Herbert mit Blick auf die türkische Immigration, erläutert in einem Radiointerview vom 29. 11. 2011:

„Die deutsche **Industrie suchte eigentlich ungelernte Arbeiter, das ist eines der großen Probleme, weil man in der westdeutschen Industrie glaubte, auf diese Weise mit sehr billigen Arbeitskräften Einsparungspotenziale zu erreichen, auf der anderen Seite auch, Rationalisierungen zu vermeiden.** Das war das Ziel, und die Infrastruktur für die Ausländer, die war sehr gering. Man hatte eigentlich im Wesentlichen Lager in Baracken oder in ähnlichen Unterkünften, in denen die in Gemeinschaftsunterkünften lebten. Das muss man sich sehr primitiv vorstellen."

Das ist sicher auch ein wesentlicher Grund, neben einer religiösen Kulturangst und damit Distanz zur neuen Heimat, warum diese Menschen von Bildungsforschern heute als bildungsfern klassifiziert werden und ihre Integration in das Bildungssystem nur so zäh gelingen mag, wenn überhaupt.

Es waren die Rentabilitätsüberlegungen der Deutschen Investoren, die zu einem – betrachtet man die **langfristigen Interessen eines führenden Industrielandes** – kontraproduktiven Einwanderungsmuster führten. Sie haben auch die durchaus bekannten Probleme des Zusammenlebens von so unterschiedlichen Religionskulturen beiseite gewischt. Das ist nun Geschichte.

Die Politik muss heute die Folgen davon bewältigen, bedeutet letztlich, der Steuerzahler, während die kurzfristigen Gewinne daraus woanders angekommen sind. Die Politik muss diesen Hintergrund bei der Kommunikation, vor allem zu moslemischen Migranten, beachten, ebenso wie den Fakt, dass der Imam immer noch einen erheblichen Einfluss auf die Familien und deren Integrationsverhalten ausüben dürfte.

Sind die Jugendlichen mit Migrationshintergrund in Deutschland weniger motiviert als jene in der Schweiz?

Befund Schweiz 2003
„Dass Fremdsprachige bei gleichen Leistungen tendenziell sogar vermehrt in einen weiterführenden Schultyp gelangen, kann daran liegen, dass es besondere Kompetenzen bedingt, um beim Lesen in einer Fremdsprache auf die gleiche Leistung zu kommen wie die andern beim Lesen in der Muttersprache. Diese hier nicht vollständig erfassten zusätzlichen Kompetenzen können dann auch zur Aufnahme in die weiterführende Schule führen“[40].

Befund Deutschland 2008
„Schülerinnen und Schüler mit Migrationshintergrund sind selbst bei gleichem Sozialstatus seltener auf dem Gymnasium und häufiger in den niedriger qualifizierenden Schularten“[41].

Woran mag dieser Unterschied liegen, der hier zu Tage tritt?
Ich denke, man macht es sich zu einfach, dem Deutschen Schulsystem den Stempel „selektiv“ aufzudrücken.

Im selben Jahr berichtet Prof. Schwippert: Kinder mit Migrationshintergrund, sofern sie die gleiche Leseleistung und denselben sozioökonomischen Status haben, haben eine höhere Chance eine Gymnasialempfehlung zu bekommen, als Schüler aus einem Eltenhaus ohne Migrationshintergrund[42].
Das sind die Widersprüche in der Bildungsforschung.

G Versuch einer Quantifizierung der „Benachteiligten“, Modell B

In der Hoffnung, die Bildungsforschung möge die Benachteiligung spätestens in IGLU 2011 quantifizieren, hier ein Versuch. Zum Begriff „benachteiligt“ gem. Bildungsforschung: „Hat keine Gymnasialempfehlung bekommen, obwohl nach den Kriterien der Bildungsforschung eine solche richtig gewesen wäre“.

Bayerische Verhältnisse vorausgesetzt: Unter der Prämisse, dass maximal 7,5 % der späteren Hauptschüler, in den Grundschuljahren nicht die nötige Aufmerksamkeit von Eltern und/oder Schule bekommen haben, hätten in Bayern ca. 3 300 Schüler der fünften Jahrgangsstufe keine ihren Talenten entsprechende Schullaufbahnen einschlagen können. Das wären ca. 2,7 % der Schüler in der vierten Jahrgangsstufe der Grundschule , wenn die nachfolgenden Prämissen gesetzt werden. Jeder im Lehrberuf tätige könnte so eine Quantifizierung für sich machen.

Modell B : Talente ohne Chance?

Quantifizierungsversuch „Talente ohne Chance" Bayern?

basierend auf der Annahme von 2,7 % Fehlzuweisungen beim Verteilen der Viertklässler auf die drei Schultypen

Ca. 124 000 Schüler am Ende des vierten Schuljahres 2008/2009 und ihre Verteilung auf Schultypen

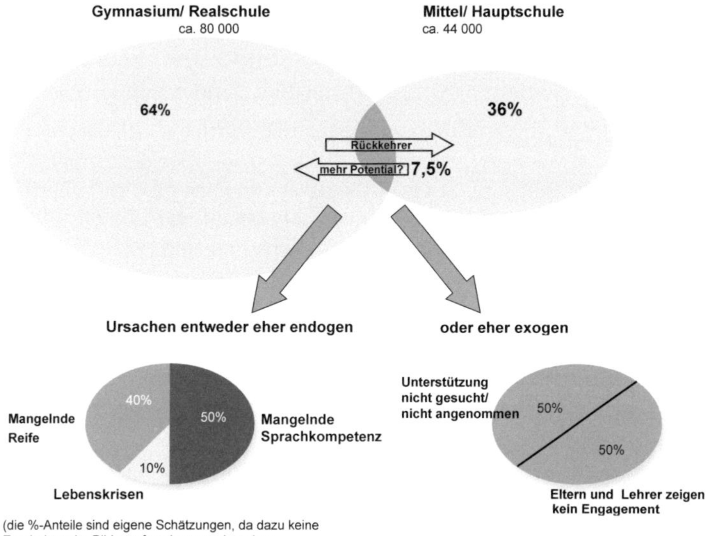

(die %-Anteile sind eigene Schätzungen, da dazu keine Ergebnisse der Bildungsforschung nach meiner Kenntnis vorliegen)

		k Schüler	Maßnahmen	Status
Hauptschüler 2008/9, Bayern („fiktiver" Jahrgang n. Aufteilung)		**44,6**		
Gefährdete Schüler		3,3		
Ursachen eher exogen	**Verantwortung**			
Eltern reagieren nicht	Eltern	**0,8**	Elterntraining/Sanktionen	offen
Lehrer reagieren nicht	Schule	**0,8**	Weiterbildung/kleine Klassen	beginnt
			Ganztagsschulen, offen gebunden	läuft
Unterstützung nicht gesucht/ angenommen	Eltern	**1,7**	Elterntraining/Sanktionen	offen
Gefährdete Schüler		3,3		
Ursachen endogen	**Verantwortung**			
Sprache	Staat	0,8	Vorschulisches Training	läuft
Sprache	Eltern	0,8	Öffnung zur Gesellschaft	zögerlich
Reife	Staat	1,3	6 Jahre Grundschule, differnziert	offen
Krise	Eltern/Staat	0,3	Sonderfälle – Schulpsychologen/Therapeuten	vorhanden

„Unentdeckete Talente" nach dieser Schätzung: Ca. 3000 bis 3500 Schülern oder 2,5 – 3 % eines Grundschuljahrgangs

Die Verantwortung liegt etwa zur Hälfte beim Staat und bei den Eltern, ein Großteil der Themen wurden vom Staat her angegangen.

Rauter 26.10. 2012

Quellen: Schulstatistik; Verteilung der Ursachenanteile, gemeinsame Schätzung des Autoren zusammen mit einer Rektorin

Aus den Modellannahmen ergäbe sich eine Zahl von 3–3,5 Tausend Jugendlichen, die eine nicht ihren – vermuteten – Talenten entsprechende Schulzuweisung bekommen hätten.

Diesen Schülern die entsprechenden Chancen einzuräumen, dazu sind ca. je zur Hälfte die Eltern und der Staat in die Pflicht zu nehmen, denke ich. Eine durchaus machbare Aufgabe. Die Zahl ist überschaubar, handeln ist trotzdem angesagt, damit diese Fälle nicht zu wirklichen Sozialproblemfällen werden, denn damit können schnell Kreishaushalte aus dem Gleichgewicht gebracht werden.

Warum kann die Bildungsforschung an einer repräsentativen Auswahl von Bayerischen Grundschulen nicht direkt die „Benachteiligten" herausfinden? Sie hätte doch die Instrumente und das Geld. Dann hätte man endlich Klarheit und müsste nicht mit ODD-Ratios oder dem nun aktuellen Sozialgradienten jonglieren?

Ich meine, erwartbares verantwortliches Verhalten der Familie vorausgesetzt, ist das Problem deutlich geringer als es die Bildungsforschung mit ihren ODD Ratios „achtfache Benachteiligung" glaubhaft machen will (s.a. die Anmerkungen von Prof. Brüderle, Anlage 1).

Man denke auch daran, dass die Mittel des Bildungspaketes, 2011 1,6 Milliarden € allein in 2011 nun wirklich bedeutend sind und die Diskriminierungshypothese noch schwerer vertretbar machen, wenn man denn die damit gebotenen Chancen nutzt.

Verstärkt in Bayern: Rückkehrerklassen, zusätzliche neunte Klassen

Schlimm sind die Schüler dran, denen man bei kräftigem Druck der Eltern, eine Gymnasial- oder Realschulempfehlung gegeben hat und die nun vor der Tatsache stehen, dass sie doch nicht die Voraussetzungen mitbringen. Auch in meinem Landkreis müssen zusätzliche neunte Klassen geführt werden. Könnte man auch als Indiz gegen die Diskriminierungsthese werten.

Durch die Brille der allerjüngsten Bertelsmann-Studie (30. 10. 2012), zur deutlichen Mehrheit der Ab- gegenüber Aufsteigern in den Sekundarstufen wird „Demotivation" konstatiert oder „Systemfehler" im deutschen Bildungssystem, so Prof. J. Dräger.
Das Plus Bayerns bei den Aufsteigern sei nicht der Durchlässigkeit des Systems dort geschuldet sondern den strengeren Aufstiegsanforderungen, so wird Frau Prof. G. Bellenberg zitiert. Ist dieses Urteil wissenschaftlich? Ich empfinde, dass hier nicht sein kann was nicht sein darf. Der Erfolg gibt wohl eher Bayern recht.

H Warum können Kinder ins Hintertreffen geraten und wer hat das zu verantworten?

Die Bildungsforschung hätte genug Daten zur Verfügung gehabt, um auch andere Hypothesen und damit ein differenzierteres Bild zu zeichnen und weitere Handlungsoptionen sichtbar zu machen. Sie hat oft darauf verzichtet, z.B. die Verantwortlichkeiten, der Eltern klar zu benennen und auszuformulieren.

Was meine ich damit:

1. Viele Schüler sind mit zehn Jahren noch nicht reif und daher ist für sie die Schullaufbahnentscheidung zu diesem Zeitpunkt zu früh. **Verantwortung: Staat.** Läuft es in Ländern, die die Schüler länger zusammen lassen besser? Offenbar leider nein. (Anlage Nr. 4). Wohl weil intern keine Leistungsdifferenzierung erfolgt, wie es z. B. K. Lauterbach schon vor Jahren gefordert hat. Dies vorausgesetzt würde ich die Verlängerung um zwei Jahre – aus persönlicher Erfahrung – auch begrüßen.

2. Die Eltern der Kinder haben keine Bildungsaspiration und kein Interesse das Talent des Kindes zu entdecken. **Verantwortung: Eltern.** Wurde das untersucht bzw. entsprechend publiziert?

3. Die Eltern der Kinder haben vor dem G 8 Angst (Bayern) und schicken Ihre Kinder auf die Realschule. **Verantwortung: Eltern/Staat.**

4. Eltern mit Unterstützungsbedarf kümmern sich nicht um die zahlreichen, oft kostenlosen Hilfsangebote. Siehe das schleppende Anlaufen des „Bildungspaketes". **Verantwortung: Eltern/Schulen.** Bereits die KMK, Beschluss vom 4. 3. 2010 forderte" … die verbindliche Einbeziehung der Eltern…"

5. Die Kinder haben keine Gelegenheit in der vierten Jahrgangsstufe in einem Intelligenztest, zusätzlich zu den Noten, zu beweisen, dass sie ausreichend kognitives Potenzial für Realschule bzw. Gymnasium haben. **Verantwortung: Staat/Schule.**

6. Die vorschulische Sprachförderung „Deutsch" ist offenbar noch nicht flächendeckend. Allerdings scheint das in der Wahrnehmung der befragen Eltern bei IGLU 2006, bezüglich vorschulischer Leseförderung, anders zu sein. Behauptung der Eltern: „Wir tun sehr viel". (siehe IGLU Frage auf S. 91 und S. 138)! Das wurde

von der Bildungsforschung nicht als Widerspruch identifiziert. **Verantwortung: Staat/ Eltern,** solche Angebote einzurichten und sie auch proaktiv wahrzunehmen. Das „Unter-Dreijährigen-Programm ist ein konkreter Schritt.

7. Eltern, vor allem aus dem islamischen Kulturkreis, haben oft ein negatives Bild von der deutschen Gesellschaft, und damit „Assimilationsängste". Mütter sprechen kein Deutsch. Die Verpflichtung, sich um Hilfsangebote zu kümmern besteht. **Verantwortung: Eltern ggf. Imame.**

8. Zur Identifizierung von Talenten dient zurzeit nur das Elterngespräch an der Schule. Explizite Suchprogramme an den Schulen gibt es meines Wissens nicht. Die Ganztagsschule leistet dies (heute) wohl noch nicht. **Verantwortung: Staat/ Eltern.**

9. Individualförderprogramme für Talente sind dürftig. Das Angebot „Ganztagsschule" kann das (noch?) nicht leisten. Private Stiftungen gibt es wenig, Bewerbungen sind nicht sehr zahlreich. **Verantwortung: Staat/Private Vermögen.**

10. Das Bildungspaket des Arbeitsministeriums und andere Angebote (s. Seite 17) werden nicht so genutzt, wie es möglich wäre. **Verantwortung: Staat/Schule/ Eltern.**

11. Disziplin: Eine Lehrerbefragung 2012 ergab, man habe genau so viel Freude am Beruf wie früher, lediglich die Disziplin sei eindeutig schlechter. **Eltern/Staat** (Klassengrößen, Pädagogikausbildung).

Hat sich die Bildungsforschung eingehend mit diesen Dingen befasst?

Elternverantwortung

Feststellungen dazu:
Die Familie ist der primäre Erziehungs- und Sozialisationsort. Die Sprachfähigkeit ist der Königsweg in eine Gesellschaft. Der Königsweg, um die Chancengesellschaft im besten Sinne nutzen zu können. Und Sprachfähigkeit entwickelt sich ebenfalls ganz wesentlich in der Familie. Sprachfähigkeit leidet, wenn sich eine Gruppe aus religiösen oder aus welchen Gründen auch immer, der (Mehrheits-)gesellschaft entzieht. Das kann man natürlich so handhaben. Aber die Ablehnung des Gesellschaftssystems generell bedeutet dann bewusster Verzicht auf Aufstiegschancen. Und nicht Benachteiligung. Das Vorleben von Leistungsbereitschaft und Disziplin ist auch eine zentrale Elternverantwortung.

Die Computerspielsucht dürfte auch bei Deutsch-Muttersprachlern zu vergleichbarer Spracharmut führen. Keine Einflussmöglichkeiten für Eltern?

Olching, eine kleine, angemessen wohlhabende 25 000 Einwohner-Stadt in Oberbayern, mit 9 % Ausländeranteil, hat sehr rührige Bürger. Drei Programme hat man auf die Beine gestellt: 1. „Schulabschluss für alle"; 2. „Deutsch für Mama"; 3. „Willkommen im Leben"; Initiator ist Herr Dr. Kortmann, getragen ist das Ganze (nennt sich „Schub Olching") von einer stattlichen Zahl von BürgerInnen.

Auf die Frage, wie viele Familien denn objektiv nicht in der Lage wären, eine Erziehungsverantwortung wahrzunehmen, meinte er, 1–2%. Das wären bei ca. 1400 Familien mit Schulpflichtigen Kindern, ca. 20 Familien. Ich denke, hier sind wir bei vernünftigeren Größenordnungen und reden nicht mehr von ganzen Bevölkerungsklassen, die chancenlos am Rande der Gesellschaft sitzen müssen und sich nicht zu helfen wüssten.

Auch hier gibt es die Erfahrung, dass bereits 20 € Jahresbeitrag in einem Verein, eben „Schub", für so manchen Immigranten(-mann) bereits als „zuviel" gesehen werden. Gehört er dann noch zu den „Benachteiligten"? Ein kleiner positiver Trend, die Frauen zeigten inzwischen größere Integrations- und Bildungsaspiration. Vielleicht müsste die Politik auch dort verstärkt den Hebel ansetzen.

Das Bildungspaket hat nach 30 Monaten Laufzeit, per November 2012, erst gut die Hälfte der Zielgruppe erreicht. Das mag an der Bürokratie liegen aber auch am mangelnden aktiven Interesse von Eltern, dies zu nutzen.

Gesellschaftliches Engagement, Verantwortlichkeit aller!

Wenn ich mich etwas genauer mit der Verantwortung aller Familien, auch der am unteren Ende der Gesellschaft in Bildungsfragen befasst habe, dann sollte auch ein Blick nach oben gestattet sein.

Warum gibt es in Bayern nur ein paar Stiftungen von Privaten, die einem an Zahl sehr bescheidenen Schülerkreis mit Talent aber mit sehr begrenzten Mitteln, Unterstützung bieten? Wäre es denn nicht ein ganz Einfaches für reiche Personen oder Firmen in Bayern z. B. 1 000 Talentförderplätze zur Verfügung zu stellen und damit eine Lücke im Talenterschließungsprogramm zu füllen?

Auch da sehe ich Verantwortung von Familien, von jenen ganz oben.

I Sehr interessamte Erkenntnisse aus IGLU 2006, von der Presse kaum erwähnt

Der Fragebogen IGLU 2006

Es wurden Fragen auch aus anderen Studien in IGLU 2006 mit einbezogen sowie nationale und international gestellte Fragen ausgewertet. Daher zitiere ich lediglich mit der Seitenzahl aus dem Band: „IGLU 2006, Dokumentation der Erhebungsinstrumente". Und dann mit der letzten Ziffer des Auswerte-Items.

Strukturdaten zu den Eltern in IGLU 2006
Wie sind die Eltern im Erwerbsleben eingebunden?

Erwerbssituation

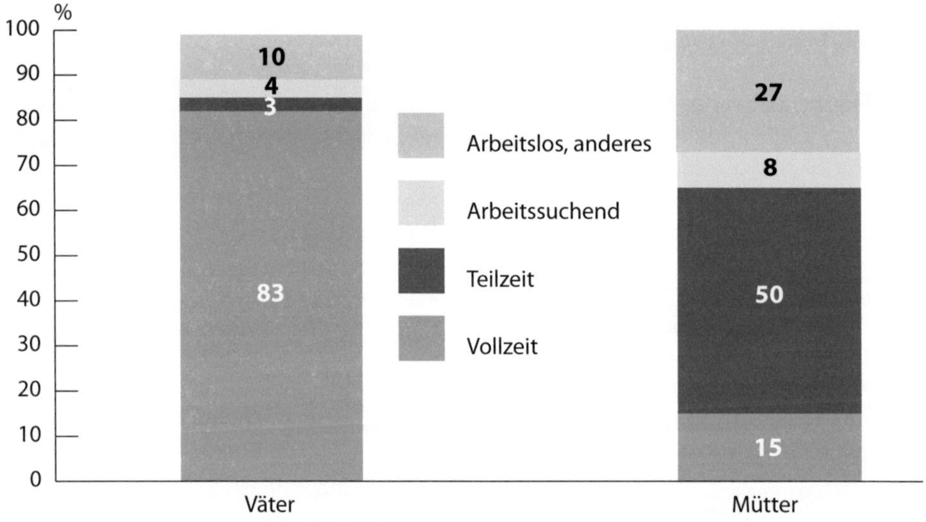

Quelle: IGLU 2006, S. 110

Stellung im Beruf

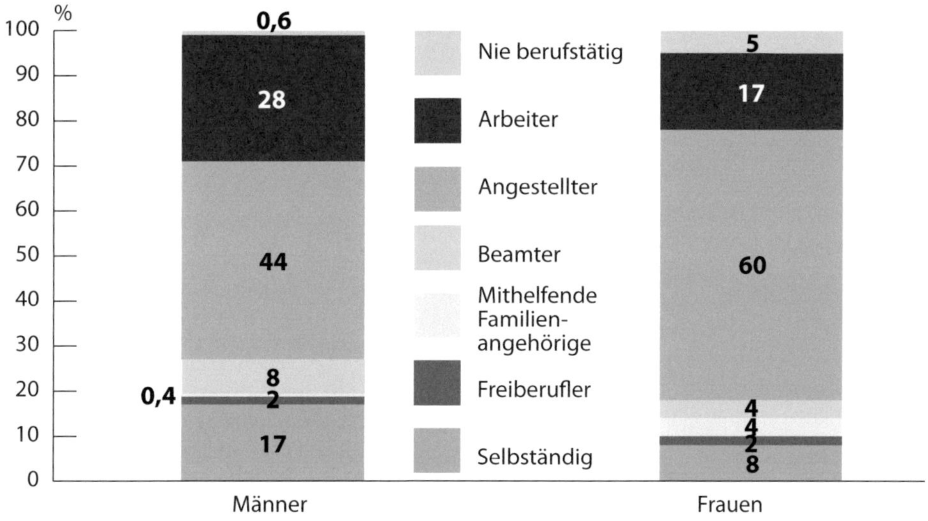

Quelle: IGLU 2006, S. 129

Auch hier: Die geringe Zahl der Beamten macht ODD-Ratios verglichen mit „Arbeitern" fragwürdig. (Säule „Männer" – dort gibt es fast keine „mithelfenden" Familienmitglieder.)

Befunde aus IGLU 2006, eine Auswahl. Antworten von Kindern, Eltern und Deutschlehrern.

Zeitvertreib außerhalb der Schule:
(Fragen an die Schüler)

Frage Seite 17. **Lesegewohnheiten (Mittelwerte)**: Wie oft liest du diese Dinge außerhalb der Schule? Z.B. Zeitungen. Antwort von 97 % der Befragten: Ein- bis zweimal pro Woche!
Höchst erstaunlich!

Dazu Frage Seite 19. Wie viel Zeit verbringst du **an einem normalen Schultag** außerhalb der Schule mit folgenden Dingen?

Z. B. „Video oder Computerspiele“: **3,2 Stunden** (pro Tag, im Mittel!); Elternverantwortung?

Z. B. „Geschichten oder Texte in Büchern oder Zeitschriften lesen“: **3,0 Stunden** Glaubwürdigkeit darf angezweifelt werden.

Schulatmosphäre:

Frage Seite 31. **Wie denkst du über deine Schule?** Zustimmung zum Statement 2: „Ich finde dass sich die Lehrer um mich kümmern.“

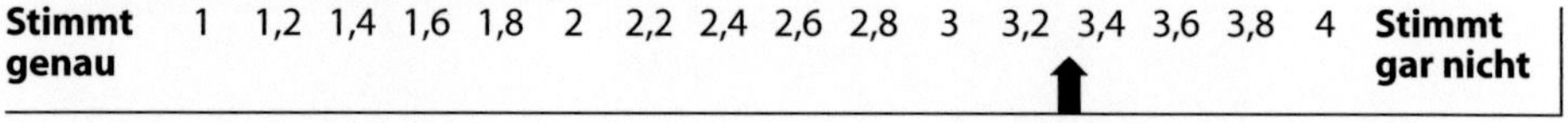

Frage Seite 51. **Wohlfühlen in der Schule.** Statement 5: „Ich habe wirklich gute Freundinnen oder Freunde in der Schule.“ Antwort:

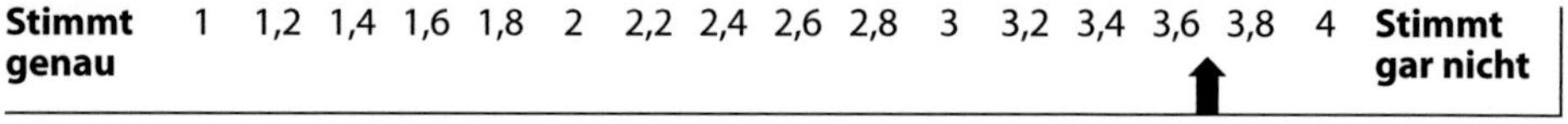

Frage Seite 53: **Wie schätzt du deine eigenen Leistungen ein?** Statement 16: „Ich weiß genau wo meine Stärken liegen.“

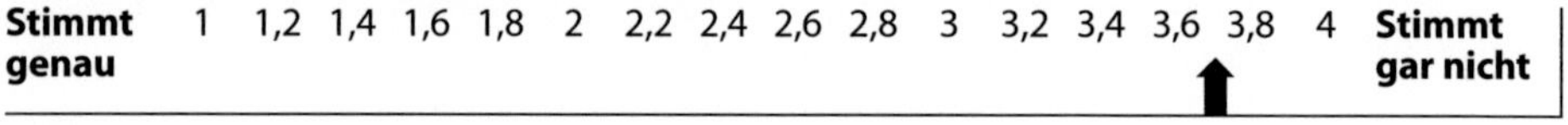

Frage Seite 53. **Statement 17:** „Die Lehrerinnen und Lehrer sind mit mir zufrieden“.

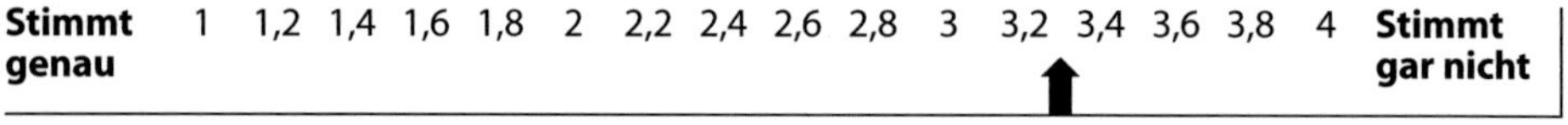

Deutschunterricht:

Wie wird der Deutschunterricht gesehen (Auswahl von Statements, zu denen die Schülern ihre Zustimmung geben sollten):

Frage Seite 61. **Lernverhalten Deutsch.** Statement 4: „In Deutsch arbeite ich so fleißig wie möglich.“

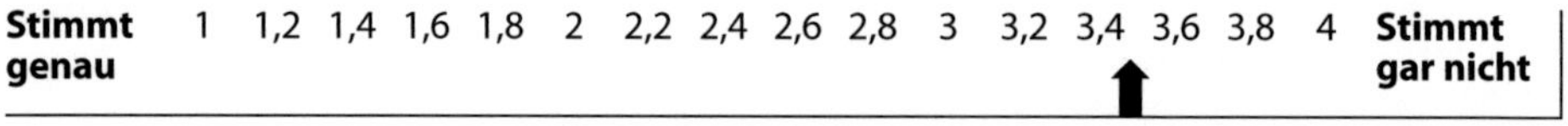

Frage Seite 63. Deutschunterricht. **Statement 4:** „Der Deutschlehrer erklärt an schwierigen Stellen ausführlich."

Stimmt genau	1	1,2	1,4	1,6	1,8	2	2,2	2,4	2,6	2,8	3	3,2	3,4	3,6	3,8	4	**Stimmt gar nicht**
														↑			

Frage Seite 65. Deutschunterricht. **Statement 7.** „...der Lehrer gibt einzelnen Schülern Tipps, wie sie besser lernen können."

Stimmt genau	1	1,2	1,4	1,6	1,8	2	2,2	2,4	2,6	2,8	3	3,2	3,4	3,6	3,8	4	**Stimmt gar nicht**
												↑					

Frage Seite 67. Deutschunterricht. **Statement 2:** „Wir haben großes Vertrauen zu unseren Deutschlehrern."

Stimmt genau	1	1,2	1,4	1,6	1,8	2	2,2	2,4	2,6	2,8	3	3,2	3,4	3,6	3,8	4	**Stimmt gar nicht**
													↑				

Was dürfte ein Zehnjähriger wohl darunter verstehen?

Frage Seite 74. Deutschunterricht. **Statement 1:** „...da arbeite ich meistens gut mit."

Stimmt genau	1	1,2	1,4	1,6	1,8	2	2,2	2,4	2,6	2,8	3	3,2	3,4	3,6	3,8	4	**Stimmt gar nicht**
												↑					

Wenn das alles stimmen würde, was da über den Deutschunterricht gesagt wird, dann meine ich, sind die pädagogischen Konzepte nicht mehr valide. Oder aber, die Zeit pro Schüler ist zu knapp. Wir haben es hier mit *einem Querschnitt aus allen Gesellschaftsschichten zu tun*! Allerdings sind ja an der Repräsentativität des IGLU Samples Zweifel angebracht. Vielleicht haben die Zehnjährigen die meisten Fragen auch gar nicht verstanden.

Elternhaltung

Wie sorgen sich die Eltern?
(Frage an die Schüler)

Frage Seite 85. **Sind Eltern achtsam? Statement 7:** „Meine Eltern achten sehr darauf, wie viel Zeit ich damit verbringe fernzusehen oder mit dem Computer zu spielen."

Stimmt genau	1	1,2	1,4	1,6	1,8	2	2,2	2,4	2,6	2,8	3	3,2	3,4	3,6	3,8	4	**Stimmt gar nicht**
												↑					

Frage Seite 85. **Sind Eltern achtsam? Statement 1:** „Meine Eltern achten sehr darauf, wie viel Zeit ich mit den Hausaufgaben verbringe".

Stimmt genau	1	1,2	1,4	1,6	1,8	2	2,2	2,4	2,6	2,8	3	3,2	3,4	3,6	3,8	4	**Stimmt gar nicht**
											↑						

Frage Seite 85. **Sind Eltern achtsam? Statement 5:** „Meine Eltern wollen, dass ich erst die Hausaufgaben mache bevor ich mich mit meinen Freunden treffe."

Stimmt genau	1	1,2	1,4	1,6	1,8	2	2,2	2,4	2,6	2,8	3	3,2	3,4	3,6	3,8	4	**Stimmt gar nicht**
															↑		

Frage Seite 91. **Hinführung zum Lesen, vor der Grundschule. Statement 1:** Frage an Eltern: „Haben Sie vorschulische, gezielte Sprachförderung gemacht?"

Oft	1	1,2	1,4	1,6	1,8	2	2,2	2,4	2,6	2,8	3	**Nie/ fast nie**
					↑							

Frage Seite 138. **Freizeit und Kultur mit dem Kind. Statements:** Wie oft waren Sie mit Ihrem Kind im letzten Jahr in: Oper, Konzert (3), Theater (8), Vortrag (1)

> 10 mal	1	1,27	1,53	1,80	2,06	2,33	2,59	2,86	3,12	3,39	3,65	3,92	4,18	4,45	4,71	5	**Nie/ fast nie**
		3 8		**1**													

Glaubhaft?

Frage Seite 140. **Arbeitshaltung des Kindes aus Elternsicht. Statements:** „Mein Kind lernt leicht, braucht wenig Hilfe" (1); „Mein Kind erledigt Hausaufgaben ordentlich und genau." (7); „Mein Kind ist konzentriert und ausdauernd." (2);

Stimmt genau	1	1,2	1,4	1,6	1,8	2	2,2	2,4	2,6	2,8	3	3,2	3,4	3,6	3,8	4	**Stimmt gar nicht**
										2	**1**	**7**					

Ein bedenklicher Befund, geht er doch über alle Gesellschaftsschichten.
Hier sehe ich die Elternverantwortung.

Frage Seite 143. **Außerschulische Förderung. Statements:** „Erfolgte eine außerschulische Förderung des Kindes?" (Mittel aus Statements 1, 2, 3, 4, 5) – B: „Erfolgte eine Förderung besonderer Begabungen?" (∅ = Durchschnitt aus Statements 7, 8, 9)-A.

Regelmäßig	1	1,2	1,4	1,6	1,8	2	2,2	2,4	2,6	2,8	3	**Nie/ fast nie**
		A	**B**									

Da frage ich mich, woher kommen die Probleme bei so intensiver Förderung. Hier fehlt wieder die Auswertung nach ISCED, EGP oder Stellung im Beruf.

Frage Seite 101**. Lehrerschaft und Eltern. Statement 4:** „Die Schule meines Kindes erfüllt ihre Aufgabe gut, meinem Kind zu helfen, im Lesen besser zu werden."

Stimmt genau	1	1,2	1,4	1,6	1,8	2	2,2	2,4	2,6	2,8	3	3,2	3,4	3,6	3,8	4	**Stimmt gar nicht**
												⬆					

Frage Seite 101. **Lehrerschaft und Eltern. Statement 3:** „Der Schule meines Kindes ist die schulische Entwicklung meines Kindes wichtig."

Stimmt genau	1	1,2	1,4	1,6	1,8	2	2,2	2,4	2,6	2,8	3	3,2	3,4	3,6	3,8	4	**Stimmt gar nicht**
													⬆				

Die neueste Emnid Umfrage über die Zufriedenheit der Eltern mit den Lehrern (September 2012) sagt das Gegenteil aus: Sehr zufrieden.

Frage Seite 146. **Aktivitäten der Schule den Eltern gegenüber: Information, Hilfestellung und Beratung der Eltern.** Mittelwert über alle Aspekte der Einbeziehung.

Oft	1	1,2	1,4	1,6	1,8	2	2,2	2,4	2,6	2,8	3	**Nie/ fast nie**
				⬆								

Da wollte man es sich wohl mit der Schule nicht verscherzen.

Frage Seite 190. **Frage an die Deutschlehrer. Statement 2:** „Wie oft schicken Sie einen schriftlichen Bericht über die Lesefortschritte an die Eltern?"

1 mal/ Woche	1	1,27	1,53	1,80	2,06	2,33	2,59	2,86	3,12	3,39	3,65	3,92	4,18	4,45	4,71	5	**Nie/ fast nie**
			⬆														

Die Informationen fließen, was tun die Eltern?

Frage Seite 190. **Frage an die Deutschlehrer. Statements 1:** „Wie oft treffen Sie die Eltern, führen Einzelgespräche, um über die Forschritte ihres Kindes beim Lesen zu diskutieren?"

1 mal / Woche	1	1,27	1,53	1,80	2,06	2,33	2,59	2,86	3,12	3,39	3,65	3,92	4,18	4,45	4,71	5	**Nie/ fast nie**
							↑										

Das würde bedeuten, ca. alle zwei Monate. Das steht im krassen Widerspruch zur Schulrealität, so wie sie mir von Lehrern geschildert wurde. Hier könnte eine Auswertung nach EGP-Klassen vielleicht ganz überraschende Erkenntnisse bringen. Ist doch die Hauptklage der Lehrer, die Eltern der problematischeren Kindern ließen sich nie sehen. Und wie energisch reagiert die Schule auf solche Absenzen mit gravierenden Fragen?

Frage Seite 200. **Frage an die Deutschlehrer:** „Wenn Sie zu Hause sind, wie oft lesen Sie zum Vergnügen?"

1 mal / Woche	1	1,2	1,4	1,6	1,8	2	2,2	2,4	2,6	2,8	3	3,2	3,4	3,6	3,8	4	**Nie/ fast nie**
														↑			

Kurios.

Frage Seite 203. **Wie fühle ich mich als Deutsch-Lehrer?** Welches Statement trifft wie zu?
„Ich bin gerne Lehrer an dieser Schule" (**2**)
„Die Lehrer an dieser Schule sind zufrieden" (**3**)
„Ich bin mit meinem Beruf als Lehrer zufrieden (**1**)
„Als Lehrer mache ich eine wichtige Arbeit" (**5**)

Stimmt genau	1	1,2	1,4	1,6	1,8	2	2,2	2,4	2,6	2,8	3	3,2	3,4	3,6	3,8	4	**Stimmt gar nicht**
												3			**2**	**5**	
														1			

Frage Seite 101. **Lehrerschaft und Eltern. Statement 3.** „Der Schule meines Kindes ist die schulische Entwicklung meines Kindes wichtig."

Stimmt genau	1	1,2	1,4	1,6	1,8	2	2,2	2,4	2,6	2,8	3	3,2	3,4	3,6	3,8	4	**Stimmt gar nicht**
													↑				

Spricht ja nicht gerade für ein Vertrauensverhältnis.

Frage Seite 103. **Lesefreude der Eltern. Statement .** „Wenn Sie zu Hause sind, wie oft lesen Sie zu Ihrem Vergnügen?“ (Wohl gemerkt, alle Eltern, nicht nur die von Hauptschülern!)

Stimmt	1	1,2	1,4	1,6	1,8	2	2,2	2,4	2,6	2,8	3	3,2	3,4	3,6	3,8	4	**Stimmt**
genau													⬆				**gar nicht**

Frage Seite 125**. Finanzielle Belastungen. Statement 1:„**Wie hoch schätzen Sie Ihre finanzielle Belastung, wenn Ihr Kind einen Hauptschulabschluss macht (1); einen Hochschulabschluss macht (6)?“

Hoch	1	1,2	1,4	1,6	1,8	2	2,2	2,4	2,6	2,8	3	3,2	3,4	3,6	3,8	4	**Gering**
			1								**6**						

Sind diese Antworten konsistent?

Wenn das so wäre, dann wäre das eine Bankrotterklärung des Grundschulsystems.

Oder die Eltern (viele bildungsfern) und die 10-Jährigen haben die Fragen nicht verstanden.

Lehrerantworten, so negativ? Die jüngste Umfrage unter Lehrern (2012) sagt genau das Gegenteil bezüglich ihres Schulerlebens. Also stellt sich wieder die Frage nach der Qualität und der Aktualität von IGLU 2006 in den Kernaussagen oder sind es die Grenzen der Soziologie?

Verbesserungspotenzial:

Jede menschliche Aktivität unterliegt einer Lernkurve. Es ist ein gigantisches und auch zu begrüßendes Projekt, Transparenz in das Bildungssystem zu bringen. In Anbetracht der Volatität soziologischer Daten – bleibt man bescheiden!

Ich hoffe, dass man für IGLU 2011 aus den Fehlern von IGLU 2006 gelernt hat und vor allem, dass man weit offener an die Auswertung herangeht und sich soweit das menschenmöglich ist, von politischen Befangenheiten und persönlichen Präferenzen bei der Auswertung der Daten frei macht. Das ganze Bild muss gezeigt werden und das bedeutet, alle Daten auszuwerten, nicht nur die, die mit den Überzeugungen der Auswerter konform gehen.

Abkürzungen

BLLV Bayerischer Lehrer- und Lehrerinnenverband

CTF Culture Faire Intelligence Test. eine Form von Intelligenztests, bei denen Menschen aus unterschiedlichen Kulturen (z. B. Amazonas-Bewohner und Mitteleuropäer) bzw. sozialen Schichten innerhalb von Gesellschaften (z. B. Akademiker und Handwerker) Chancengleichheit besitzen sollen (d. h. bei gleichen Fähigkeiten gleiche Ergebnisse zu erzielen). Dies wird dadurch versucht, dass Sprache an sich und Kulturtechniken wie Lesen oder Mathematik keine Rolle spielen sollen bei der Bearbeitung des Tests.

In der Regel handelt es sich bei Culture-Fair-Tests einfach um sprach- und zahlenfreie Intelligenztests zum logischen Denken. (Wikipedia).

EGP Schema: Die Konstruktion des Klassenschemas nach Erikson, Goldthorpe und Portocarero

HISEI Der International Socio-Economic Index of Occupational Status (ISEI) gruppiert Personen nach ihrer Berufsangabe unter den Aspekten der Ausbildungsdauer, des Einkommens sowie des sozialen Berufsprestiges und ordnet sie hierarchisch. Zur Ermittlung des sozioökonomischen Status wird in den vorliegenden Analysen jeder Person der jeweils höchste Index-Wert der Eltern HISEI (Highest ISEI) zugeordnet. Durch die Bildung von HISEI-Quartilen lassen sich folgende Statusgruppen gegenüberstellen:
Niedrig: 0– 25 % mit den niedrigsten HISEI-Werten,
Mittel: 25– 50 % sowie 50–75 % mit mittleren Werten und
Hoch: 75–100 % mit den höchsten Werten

IGLU/PIRLS Internationale Grundschul-Leseuntersuchung/Progress in International Reading Literacy Study

Quellen zu obigen Definitionen:
Bildungsbericht 2010, Prof. Dr. Horst Weishaupt *(DIPF) et al.; Glossar*

ISCED 1997 International Standard Classification of Education

IQ Intelligenzquotient. Der Intelligenzquotient (IQ) ist eine Kenngröße zur Bewertung des allgemeinen intellektuellen Leistungsvermögens (Intelligenz) eines Menschen. Er wird mit einem Intelligenztest ermittelt und vergleicht die Intelligenz eines

Menschen mit dem, anhand einer Normstichprobe, geschätzten Durchschnitt der Gesamtbevölkerung im selben Zeitraum und im vergleichbaren Alter. Dieser Durchschnittswert wird im Allgemeinen als 100 definiert. Für die Abweichung der IQ-Werte einzelner Testpersonen vom Mittelwert wird eine Normalverteilung angenommen, wobei der Standardabweichung der Zahlenwert 15 IQ-Punkte zugeordnet wird. (Wikipedia).

KTF Kognitiver-Fähigkeiten-Test. Zu den kognitiven Fähigkeiten eines Menschen zählen zum Beispiel die Aufmerksamkeit, die Erinnerung, das Lernen, die Kreativität, das Planen, die Orientierung, die Imagination, die Argumentation, die Introspektion, der Wille, das Glauben und einige mehr. Kognitive Fähigkeiten werden von verschiedenen Wissenschaften, wie der Psychologie, den Neurowissenschaften, der Psychiatrie, der Philosophie und der Künstliche-Intelligenz-Forschung untersucht. Die wissenschaftliche Erforschung der Kognition wird unter dem Begriff der Kognitionswissenschaft zusammengefasst.
(Wikipedia).

KMK Kultusministerkonferenz

TIMSS
Trends in International Mathematics and Science Study

Verwendete Quellen

Schwippert 2008: Chancengleichheit in einer Heterogenen Gesellschaft, Hamburg 2008 Reuter Festschrift S. 83 ff
Kurzsignatur: **Schwippert Chancengleichheit**

IGLU 2006 Lesekompetenz von Grundschulkindern in Deutschland im Internationalen Vergleich, Boos et al., 2007
Kurzsignatur: **IGLU 2006**

IGLU 2006 Dokumentation der Erhebungsinstrumente, Boos et al., 2007
Kurzsignatur: **IGLU 2006 Dk**

IGLU 2006 Lesekompetenz von Grundschulkindern..., Zusammenfassung
Kurzsignatur: **IGLU 2006 Zf**

EDUCON Böckler Stiftung: Soziale Ungleichheit in der Allgemeinbildenden Schule 2006
Kurzsignatur: **Böckler Soziale ...**

KESS 4 2004, Zusammenfassung HamburgKurzsignatur: **KESS 4 Zf**

TIMMS 2007, Math. und naturwissenschaftlicher Kompetenzvergleich von Grundschulkindern, Zusammenfassung
Kurzsignatur: **TIMMS 2007**

IGLU E 2006, Zusammenfassung
Kurzsignatur: **IGLU 2006 E Zf**

Bildungsforschung Band 34: **Der Übergang von der Grundschule in die weiterführende Schule, Leistungsgerechtigkeit und regionale, soziale und ethnisch-kulturelle Disparitäten**; BMBF 2010
Kurzsignatur: **Übergang Kap. ...S ...**

Bildungsbericht 2008

Bildungsbericht 2010

Bildungsbericht 2012
Autorengruppe Bildungsberichterstattung:
Prof. Dr. Horst Weishaupt *(DIPF), et al.*

Ramseier, Erich; Brühwiler, Christian
Herkunft, Leistung und Bildungschancen im gegliederten Bildungssystem. Vertiefte PISA-Analyse unter Einbezug der kognitiven Grundfähigkeiten Schweizerische Zeitschrift für Bildungswissenschaften 25 (2003) 1, S. 23–58
Kurzsignatur: **Ramseier, Herkunft...**

Education at a Glance 2012, OECD
Kurzsignatur: **EaaG 2012**

Ehmke T., Jude N.: Soziale Herkunft und Kompetenzerwerb, DIPF 2010

Kompetenzen von Schülerinnen und Schülern am Ende der vierten Jahrgangsstufe in den Fächern Deutsch und Mathematik
Ergebnisse des IQB-Ländervergleichs 2011
P. Stanat et al.
Kurzsignatur: **Ländervergleich 2011**

Interview, Deutschland Radio Kultur, vom 29. 11. 2011
Ulrich Herbert (* 24. September 1951 in Düsseldorf) Professor für Neuere und Neueste Geschichte an der Albert-Ludwigs-Universität in Freiburg im Breisgau.

Statistische Quellen:

OECD
Eurostat
Destatis, Bundesamt für Statistik generell Fachserien Bildung
Mikrozensus 2010, Sonderauswertungen
Schule und Bildung in Bayern 2011

Zitatenreferenz

Kurzkennungen siehe S. 57 Verwendete Quellen

1 Süddeutsche Zeitung vom 12. 9. 2012
2 Abkürzungen siehe S. 43
3 IGLU 2012 ZF ; S. 19 und IGLU S. 286 ff
4 Übergang, Kap. 14 S. 327; Kriterien S. 322
5 Bildungsbericht 2012
6 Schule und Bildung in Bayern 2011, S. 137
7 Siehe Anlage S. 44
8 „Soziale Ungleichheit in der allgemeinbildenden Schule"; EDUCON, 2007,S. 39;
9 Friedrich-Ebert-Stiftung, München 2009, „Bildung und Schule in Bayern" S. 16.
10 IGLU 2006, S. 288.
11 Übergang, Kap. 9, S. 222
12 Pisa 2009 Bilanz, S. 234
13 IGLU 2006 Dk; Antworten auf die Fragen auf S. 61 und 74
14 Siehe Ausführungen Prof Brüderle S. 48
15 IGLU 2006, S. 287; http://www.note1plus.de/5-UebertrKlasse5.htm
16 Übergang, Kapitel 9, S. 203, 207, 221
17 Studie Uni Mainz Schulwechsel: „Reiche Eltern – Freibrief fürs Gymnasium". 12. September 2008. Eltern family
18 Übergang, Kap. 14, S. 325
19 Übergang, Kap. 14, S. 326
20 Subskala „Figurale Analogien" aus Heller, K.A.& Perleth,C. (2000). KFT 4- 12+R – Kognitiver Fähigkeits-Test für 4. bis 12. Klassen, Revision. Beltz
21 Übergang, Kapitel 14, S. 322
22 Aus einer KARRIERE-SPIEGEL-Buchbesprechung vom 17. 7. 2012: Interview mit Dieter E. Zimmer, Autor des Buchs „Ist Intelligenz erblich?" Dieter E. Zimmer. Rowohlt Verlag, Hamburg 2012.
23 „The role of test motivation in intelligence testing" von Angela Lee Duckworth und Kollegen; University of Pennsylvania. Approved March 25, 2011; http://www.pnas.org/content/108/19/7716
24 Übergang, Kap. 14 S. 324 ff.
25 Karl Lauterbach: Der Zweiklassenstaat, Berlin 2007, S. 46
26 IGLU 2006 Dk, Fragen auf Seite 19
27 Übergang, Kap. 9, S. 204
28 Bildungsbericht 2012, S. 238
29 IGLU 2006, S. 202
30 Zitiert in der Süddeutschen Zeitung vom 12. 9. 2012

31 Bildungsbericht 2012, S. 211
32 Zitiert in der Süddeutschen Zeitung vom 12. 9. 2012
33 IGLU 2006, S. 202
34 TIMMS 2007, Zf, S. 28
35 IGLU 2006 Zf, S. 19
36 IGLU 2006 Zf, S. 19
37 Übergang, Kap. 9, S. 204)
38 Projektleiter Bertelsmannstiftung, Dr. J. Dräger am 12. 3. 2012 im ZDF
39 Bildungsbericht 2012, S. 48
40 Ramseier, Herkunft , S. 45
41 Bildungsbericht 2008, S. 11
42 Schwippert Chancengleichheit, S 92
43 Schwippert Chancengleichheit, S 90 ff

Anlagen

1 Chance und Wahrscheinlichkeit

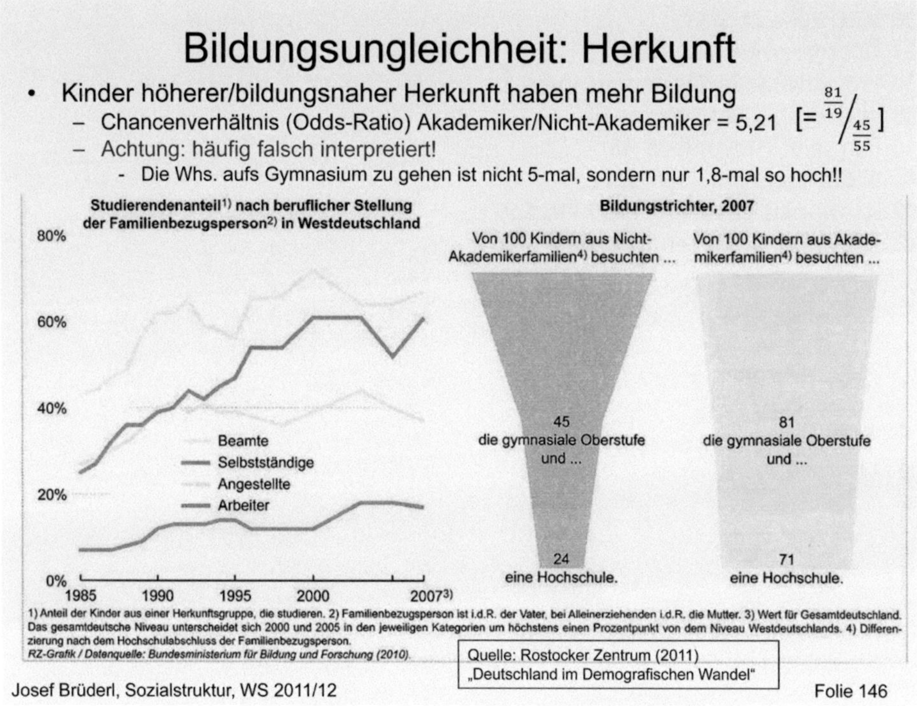

Prof. Schwippert beschreibt diesen schwierigen Komplex, letztlich ohne Festlegung: Zunächst lehnt er klar einen repräsentativen Chancengleichheitsbegriff ab, also die Gesellschaftsstruktur müsse sich z.B. an Gymnasien wiederfinden.

Er stellt fest, dass man von Chancenungleichheit nur sprechen könne, wenn **alle** relevanten Schülermerkmale erfasst würden, was aber nicht der Fall sei. Dann beurteilt er die bedingte Chancengleichheit (ODD Ratios) positiv, obwohl hier nicht alle relevanten Schülermerkmale Eingang finden. Dann meint er, der Lehrkraft zu empfehlen nach objektiven übergeordneten Standards die Schüler zu beurteilen wäre testtheoretisch und pädagogisch nicht vertretbar. Er schließt bei der Chancengleichheitsfrage mit einem: „Es kommt darauf an“. Also eine deutlich differenziertere Sichtweise, als die der Medien.[43]

2 Der EGP-Komplex

I	Higher grade professionals, administrators, officials, managers in large companies, large proprietors;	I	Obere Dienstklasse
II	Lower grade professionals, administators, officials, higher grade technicians, managers for small industrial companies, supervisors of non-manual-employees;	II	Untere Dienstklasse
III ab	Routine non manual employees, higher grade in administration & commerce Routine non manual employees, lower grade, in sales and services;	III	Routine-dienstleister
IV abc	Small proprietors and artisans, with or without employees; farmers, smallholders, other self employed in primary production;	IV	Selbst-ständige
V	Lower grade technicians, supervisors of manual workers;	V	Leitende Angestellte
VI	Skilled manual workers;	VI	Facharbeiter
VIIab	Semi and unskilled manual workers, not agriculture Agricultureal and other workers in primary production	VII	Un-/Ange-lernte Landarbeiter

Zwischenschritt zur EGP-Klassenbildung

Stellung im Betrieb EF 110	Un-/Ang. Kräfte		Fach-Bearbeiter, Verkäufer		Vorarbeiter, Sach-bearbeiter		Heraus-gehobene Fachkraft		Sachge-bietsleiter Referent		Abteilungs-leiter Prokurist		Direktor Amtsleiter		Nicht erwerbstätig	
Berufliche Stellung EF 94	Arbeiter	Angest. Beamter	Arbeiter	Angest. Beamter	Arbeiter	Angest. Beamter	Arbeiter	Angest. Beamter	Arbeiter	Angest. Beamter	Arbeiter	Angest. Beamter	Arbeiter	Angest. Beamter	Arbeiter	Angest. Beamter
Manuelle Hilfsber.	VIIa	VIIa	VIIa	V	V	V	V	V	V	II	V	II	V	II	VIIa	VIIa
Manuelle Berufe II	VIIa	VIIa	VII b	VII b	V	V	V	V	V	II	V	II	V	I	VIIa	VIIa
Manuelle Berufe III	VIIa	VIIa	VII b	VII b	V	V	V	V	V	II	V	II	V	I	VI	VI
Werkmeister	V	V	V	V	V	V	V	V	V	II	V	II	V	I	V	V
Techniker	V	V	V	V	V	V	V	II	V	II	II	I	II	I	V	V
Ingenieure	V	II	V	II	II	I	I	I	I	I	I	I	I	I	II	II
Agrarberufe	VII b	VII b	VII b	VII b	V	V	V	V	V	II	V	II	V	I	VIIb	VIIb
Wiss., akad. Berufe	I	I	I	I	I	I	I	I	I	I	I	I	I	I	I	I
Semiprofessionen	II	II	II	II	II	II	II	II	II	I	II	I	I	I	II	II
Qualifizierte Dienste	IIIa	IIIa	IIIa	IIIa	IIIa	IIIa	II	II	II	II	II	II	I	I	IIIa	IIIa
Einfache Dienste	IIIb	IIIb	IIIb	IIIb	IIIb	IIIa	IIIb	IIIa	IIIa	II	IIIa	II	IIIa	I	IIIb	IIIb
Management	II	II	II	I	II	I	I	I	I	I	I	I	I	I	I	I
Hochqual. Verw. Berufe	IIIb	IIIa	IIIa	IIIa	II	II	II	II	II	II	I	I	I	I	II	II
Qual. Verw. Berufe	IIIb	IIIa	IIIa	IIIa	IIIa	II	II	II	II	II	II	II	I	I	IIIa	IIIa

Nach Berufskategoriensystematik (BKAT)

Quelle: http://www.gesis.org/missy/fileadmin/missy/klassifikationen/EGP/deutsch/zuordnungsschema_korrigiert.pdf

Brauns, Steinmann, Haun
„Die Konstruktion des Klassenschemas … EGP, am Beispiel nationaler Datenquellen …"
ZUMA Nachrichten, 46. Jahrgang, 24. Mai 2000

Man kann sich vorstellen, wie schwierig es ist, aus Elternfragebögen hier eine konsistente und reproduzierbare Einordnung zu machen.

3 Entwicklung der Schülerzahl nach Schultypen (Bayern)

Die Hauptschule verschwindet (Bayern)

Reihe A Bildungsstatistik, Heft 54, S10, Bay. Staatsministerium f. Unterricht und Kultus

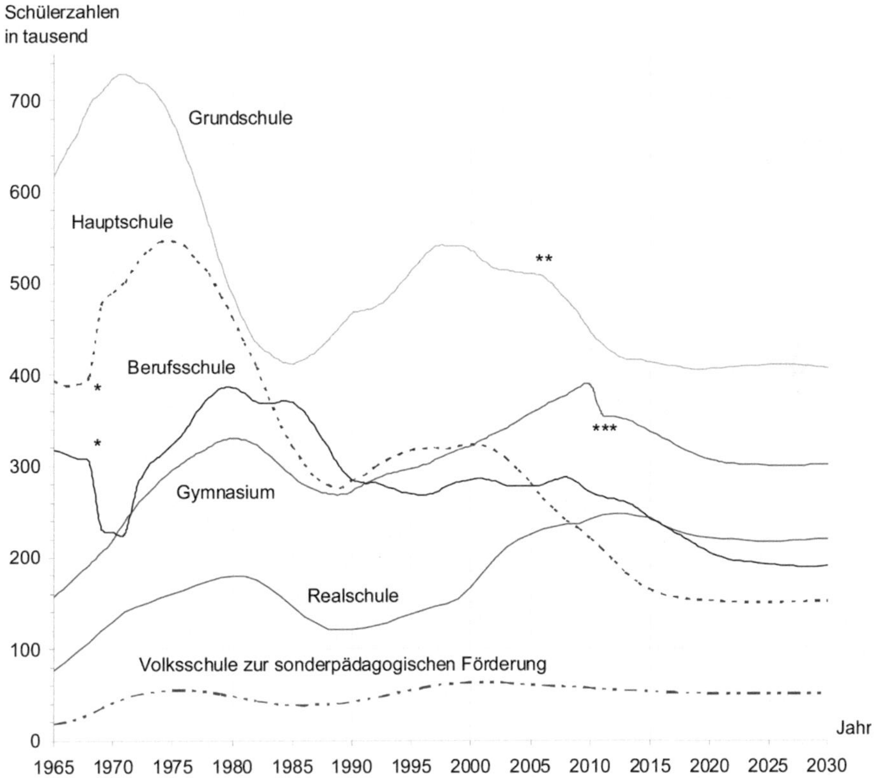

* Einführung der Jahrgangsstufe 9 an Hauptschulen
** Verlangsamung des Schülerrückgangs durch die Vorverlegung der Einschulung
*** Wegfall der Jahrgangsstufe 13

4 Gesamtschule: Mittel gegen frühe „Selektion"?

Deutsche Gesamtschulen in:	Bewertung der „Durchlässigkeit" im Chancenspiegel 2012
Nordrhein-Westfalen,	schlecht
Niedersachsen,	schlecht
Rheinland-Pfalz,	mittel
Hessen,	mittel
Thüringen und	mittel
Schleswig-Holstein	schlecht

Chancenspiegel 2012, S. 101

5 Die Schulartverteilung hat eben doch mit Kompetenzen zu tun

Die Schulartverteilung ist für Jugendliche mit Migrationshintergrund in allen Statusgruppen ungünstiger als für diejenigen, deren Eltern beide in Deutschland geboren wurden. Da die Jugendlichen mit Migrationshintergrund wiederum bei gleichem sozioökonomischem Status auch niedrigere PISA-Testleistungen (hier Lesekompetenz) erreicht haben, scheint die ungleiche Verteilung auf die Schularten in erster Linie Ungleichheiten in den erworbenen Kompetenzen widerzuspiegeln (primäre Disparitäten). In welchem Ausmaß darüber hinaus auch unterschiedliche Übergangsentscheidungen je nach ethnisch-kultureller Orientierung und sozioökonomischer Lage der Familien getroffen wurden (sekundäre Disparitäten), bleibt hingegen in dieser Analyse des Schulartbesuchs 15-jähriger Schülerinnen und Schüler offen.

Bildungsbericht 2010, Prof. Dr. Horst Weishaupt *(DIPF) et al.; S 66*

6 Schulpädagogische Herausforderungen und Konzepte

In vielen Hauptschulklassen sitzen Schüler an der Grenze zur Lernbehinderung neben durchschnittlich begabten und leistungsfähigen Jungen und Mädchen, Kinder und Jugendliche mit zufriedenstellender sprachlicher Kompetenz neben Jugendlichen mit geringem deutschen Sprachvermögen. Ebenso verschieden sind die Schüler in ihren soziokulturellen Lebenslagen. Vielerorts unterscheiden sie sich hinsichtlich ihres kulturellen bzw. ethnisch-religiösen Hintergrundes ebenso stark voneinander wie hinsichtlich der sozialen Situation innerhalb ihrer Familien.[7]

Die Hauptschule hat darauf reagiert und diverse didaktische und (sozial)pädagogische Konzepte in ihren Alltag integriert, um die aus den unterschiedlichen Voraussetzungen erwachsenden Probleme ihrer Schülerschaft aufzufangen. Zu den wichtigsten dieser Konzepte zählen:

1. Klassenlehrerprinzip,
2. Teamteaching,
3. Jahrgangsübergreifender Unterricht,
4. Ausbau projektorientierter Unterrichtsmodule,
5. Deutschkurse für ausländische Schüler,
6. Berufsqualifizierende Sonder- bzw. Jahrespraktika,
7. Schulsozialarbeit,
8. Soziale Gruppenarbeit,
9. Soziales Lernen,
10. Trainingsraum („Arizona-Modell"),
11. Gewaltprävention,
12. Streitschlichtung (Schulmediation),
13. Suchtberatung.

http://de.wikipedia.org/wiki/Hauptschule
Literaturbelege hierzu, siehe Wikipedia.

7 KMK Aussagen und Wertung aus Gesprächen mit Lehrerinnen

Ergebnisse PIRLS/ IGLU (Presseerklärung der KKM 6. 3. 2008)

Erkenntnisse über das Bildungssystem Grundschule und Sekundarstufe I

Generell: Gegenüber PISA I hat man sich durchwegs verbessert.

Weiter bestehende Probleme an der Grundschule

Leistungsdifferenzen zwischen Migranten-/Nichtmigranten sehr groß
Zusammenhang Elternstatus Schulische Leistung relativ eng aber nicht so groß wie in der Sekundarstufe 1 (!!)

Die kritische Leistungsgrenze für Gymnasiumsempfehlung ist noch eng an den Elternstatus gebunden

Probleme an der Sekundarstufe 1

Problemlagen der Grundschulen verschärfen sich. Es gibt sehr große Leistungsunterschiede. (Diagnose: Es gelänge nicht, die SchülerInnen ihren Möglichkeiten nach zu fördern)
Lese und Mathekompetenz sehr niedrig im internationalen Vergleich
Sozialstatus und Bildungserfolg klar, nicht mehr so stark beim Lesen aber immer noch stark in Mathe- und naturwissenschaftlichen Kompetenzen.

Bildungspolitische Folgerungen vor allem für die Grundschule.
Weiter machen auf den Feldern die bereits durch PISA 1 definiert worden sind (**Alte Schwerpunktsetzung**).

1. Maßnahmen zur Verbesserung der Sprachkompetenz im Vorschulbereich
2. Verzahnung Grundschule Vorschule zur frühzeitigen Einschulung
3. Verbesserung der Grundschulbildung beim Lesen
4. Maßnahmen zur Förderung bildungsbenachteiligter Schüler, vor allem Migranten
5. Qualitätsverbesserung an der Schule durch **Einführung von Standards.**
6. Verbesserung der Professionalität der Lehrer, v.a. **diagnostisch,** methodisch.
7. **Ausbau von Ganztagsangeboten** zur Förderung schwacher Schüler und von solchen mit besonderen Begabungen.

Neue Schwerpunktsetzung 2008 – vor allem in der Sekundarstufe 1

A Ziel: Leistungsschwache Schüler

1. Stärkung der Leistungsschwachen.
   Also mehr Aufmerksamkeit (=Stunden) für leistungsschwache Schüler (Lesen, Naturwissenschaften);

1.1 Migrantenkinder stärker fördern; Ganztagsschule.
1.2 Bildungschancen aller unabhängig vom Sozialstatus erhöhen.
1.3 Ganztagsschulen.
1.4 Breiter Förderansatz für die ganz Schwachen. Ganztagsschule.
1.5 Für Leistungsschwache zusätzliche Lern- & Betreuungszeiten und stärker praxisnahe Lerninhalte. Ganztagsschulen. Individuelle Fördermaßnahmen = Ganztagsschule.

1.6 Ganztagsschulangebot weiter erhöhen.
1.7 Diagnostische und Methodische Kompetenzen der Lehrer durch Weiterbildung stärken.
1.8 Bei Schülerförderung, vor allem bei Moslems, soll die ethnische Herkunft berücksichtigt werden.
1.9 Sprachförderung weiter ausbauen. Mehr Sprach- und Leseförderung bei gezielter Einbindung der Eltern?
1.10 Entwicklung von Methoden der Sprachdiagnostik und -förderung.

B Durchlässigkeit verbessern, Übergänge erleichtern, Abschlüsse sichern.

Maßnahmen vor allem Grundschule:

1. Erziehungs-, Bildungs- und Betreuungsangebot für Kinder < 3 ausweiten; 35 % aller Kinder sollen einen Krippenplatz bekommen.
   Zusammenarbeit von Kindergärten und Grundschulen für gemeinsame Bildungs- und Erziehungspläne. „Qualitätsoffensive zur frühkindlichen Bildung und Förderung in der Kita". Sowie Initiative: „Aufstieg durch Bildung".
2. Zusammenarbeit: Kindertagestätte, Grundschule, weiterführende Schulen.

Maßnahmen Sekundärstufe 1

Weitere Möglichkeiten in beruflichen Schulen Abschlüsse nachzuholen sowie höhere Abschlüsse zu erwerben.
Verteilung, nicht Konzentration bildungsbenachteiligter Schüler.
Halbierung der Zahl der Schüler ohne Abschluss und der Ausbildungsabbrecher.
Maßnahme: Handlungsrahmen der KMK zur Reduzierung und: Ertüchtigung der BAFA zur besseren Unterstützung des Berufseinstieges.
BMMF Programm: „Perspektive Berufsabschluss". Nachqualifizierung junger Erwachsener.

C Den Unterricht weiter entwickeln, die Lehrkräfte qualifizieren

Ziel: Unterrichtsentwicklung (SINUS); best practise-Aktionen, Methoden zur Förderung der Sprachkompetenz; Methoden zur Lernmotivation zu erlernen; Unterricht kompetenzorientierter auszurichten.

Maßnahmen:

Individuelle Förderung gerade der Schwachen in den MINT-Fächern; Begeisterungsprogramme dafür initiieren.
Projekt „Haus der kleinen Forscher" 10 000 Kindertagesstätten sollen beteiligt werden.
Fortbildung zur kompetenzbasierten Unterrichtsentwicklung.
Voraussetzungen (diagnostische, methodisch-didaktische) für den erfolgreichen Umgang mit Heterogenität schaffen für die Aus- und Fortbildung der Lehrer.
Durchsetzung von KMK-Standards für die Lehrerbildung und Unterrichtsentwicklung.

Nach Aussage von von mir befragten Lehrpersonen ist zu erkennen, dass sehr vieles bis 2012 umgesetzt wurde.
Also muss die Bildungsforschung diese Fortschritte berücksichtigen.

8 Stellungnahme des BLLV zur Übertrittsthematik gem. BLLV-Webpage Stand 2012

Änderung der Volksschulordnung, der Realschulordnung und der Gymnasialordnung wegen Änderung des Übertrittsverfahrens

I. Grundsätzliches

Aus unserer Sicht ist die Übertrittssituation an der Schnittstelle zwischen der 4. und 5. Klasse momentan vollkommen unbefriedigend.

Grundsätzlich ist das bestehende System der Sortierung in vermeintlich begabungshomogene Lerngruppen lerntheoretisch höchst fragwürdig, da das Leistungsvermögen der Schüler und Schülerinnen wesentlich komplexer, vielfältiger und weniger stabil ausdifferenziert ist, als dass es die Gruppierung in wenige scheinbar homogene und stabile Leistungsgruppen ermöglicht. Eine zuverlässige Diagnose als Grundlage einer solchen Aufteilung ist nicht möglich, zumal die zugrunde liegenden Kompetenzbeschreibungen und Diagnoseverfahren stark unterschiedlich und daher die Noten nicht valide vergleichbar sind und der Zeitpunkt einer solchen Differenzierung wesentlich zu früh liegt.

Die Auswirkungen dieser Praxis bringen allerdings erhebliche Belastungen für alle Beteiligten mit sich. Der Übertrittsdruck ist sowohl für Schüler/innen als auch für Eltern und Lehrer/innen außerordentlich belastend. Durch die sich verschärfende

Konkurrenz und die steigende Bildungsaspiration der Eltern nimmt dieser Druck zudem drastisch zu. Dabei wird die Verantwortung für eine pädagogisch nicht zu rechtfertigende und aufgrund der ungenügenden Diagnosemöglichkeit nicht zu verantwortende Übertrittsentscheidung den Lehrkräften der Grundschule zugeschoben. Darunter leidet das Lernklima zumindest in der 3. und 4. Jahrgangsstufe.

Die soziale Ungerechtigkeit dieses Lebenschancen verteilenden Verfahrens ist durch zahlreiche Untersuchungen bestätigt. Die Übertrittsentscheidungen sind weniger vom tatsächlichen Leitungsvermögen der Schüler/innen als vom sozialen Status des Elternhauses abhängig. Dies liegt nicht allein an der immer stärker zunehmenden Praxis kurzfristiger intensiver Nachhilfe, die für die Eltern erhebliche finanzielle Belastungen mit sich bringen. Außerdem werden die Zuweisungen von den Eltern unterlaufen, etwa durch die z.T. sehr unterschiedlichen Übertrittsvoraussetzungen in den weiterführenden Schulen.

Wie unbefriedigend die momentane Situation auch von der Politik empfunden wird, lässt sich daran ablesen, dass die Bedingungen des Übertritts ständig verändert werden, ohne dass das grundsätzliche Problem behoben wird. Aus diesen Gründen spricht sich der BLLV für eine Schule aus, die die wachsende Heterogenität der Schüler akzeptiert. Eine solche Schule verzichtet auf eine Aufteilung der Schüler/innen in stabile Lerngruppen oder gar unterschiedliche Schularten und vermeidet damit die nicht lösbaren Probleme der Fehlzuweisungen und der mangelnden Durchlässigkeit. Sie wird der Unterschiedlichkeit der Schüler durch Individualisierung, Binnendifferenzierung, modularisierte Angebote und selbstgesteuertes Lernen gerecht.

Alternative zum geplanten Übertrittsverfahren

Der BLLV fordert, wie unter Punkt I. begründet wird, eine längere gemeinsame Schulzeit.

Solange diese noch nicht verwirklicht ist, schlägt er aus pragmatischen Gründen folgende Regelung für das Übertrittsverfahren vor:

Die Übertrittsentscheidung liegt nach eingehender Beratung in der Verantwortung der Eltern.

Grundlage für die Übertrittsentscheidung ist eine Empfehlung der abgebenden Schule. Diese wird in einem Beratungsgespräch vermittelt und basiert auf den Leistungsmessungen und der Diagnose der Lernkompetenzen. In die Entscheidung der Eltern müssen auch die aufnehmenden Schulen einbezogen werden.

Um die Qualität der Beratungsangebote zu sichern, muss die Diagnosekompetenz der Lehrkräfte aller beteiligten Schularten weiter gestärkt werden. Auch die Kooperation zwischen abgebenden und aufnehmenden Schulen und die gegenseitige Kenntnis übereinander bedürfen einer erheblichen Vertiefung. Die Kompetenz der qualifizierten Beratungslehrkräfte sollte unter angemessener Anrechnung des Aufwandes für die Übertrittsberatung genutzt werden.

Bemerkung:

Es gibt, wie erwähnt, Studien, die den Lehrern eine sehr gute Diagnosefähigkeit attestieren.

Die soziale Ungerechtigkeit des gültigen Verfahrens sei durch zahlreiche Studien bestätigt, – nur leider nie quantifiziert.

Ich empfinde es nicht als glücklich, die gewünschte Übertrittsform, nur mit einer „längeren gemeinsamen Schulzeit" zu charakterisieren. Dazu müssten schon genauere Aussagen gemacht werden.

9 Forderungen aus der AWO-ISS Studie 2012:

Forderungen der AWO anhand der Studie „Zukunftschancen für Kinder!?"

Die Förderung von Kindern mit armutsbedingt ungleichen Bildungschancen müsse von Anfang an mit ungleich mehr Investitionen als die für andere Kinder vorangetrieben werden, damit allen Kindern die beste Förderung zuteil werde.

Ausbau der Betreuungsmöglichkeiten für Kinder unter drei Jahren und individuelle Förderung dieser Kinder.

Gezielter Ausbau und Weiterentwicklung der Tageseinrichtungen für Kinder.

Individuelle Begleitung und Unterstützung sowohl in der Primarstufe als auch in der Sekundarstufe.

„Unbedingter Verzicht" auf die frühe Selektion in die verschiedenen Schulzweige.

10 Emnid-Umfrage zur Bildungsqualität in Bayern

Für die repräsentative Untersuchung hat das Meinungsforschungsinstitut TMS Emnid **bundesweit 3.000 Eltern mit schulpflichtigen Kindern** befragt. Die Ergebnisse dürften eine Ohrfeige für Bildungspolitiker sein und Balsam für die Lehrkräfte.

90 Prozent der Befragten sind von der Fachkompetenz ihrer Lehrer überzeugt, 84 Prozent halten sie für gerecht, 80 Prozent für sehr engagiert. Sie könnten Interesse bei den Schülern wecken (81 Prozent), gut erklären (78 Prozent), seien an einer guten Beziehung zu ihren Schülern (88 Prozent) und zu den Eltern (84 Prozent) interessiert. Defizite sehen Eltern hingegen beim Einsatz neuer Lernmethoden und der Zusammenarbeit von Lehrern. Die insgesamt sehr positive Bewertung der Arbeit von Lehrern durch die Eltern findet Udo Beckmann „sehr erfreulich". „Sie haben offensichtlich die Erfahrung gemacht, dass Lehrer fachlich kompetente Partner im Bereich Bildung sind, die sich engagieren und die Kinder fördern und fordern", kommentierte der Vorsitzende des Verbands Bildung und Erziehung (VBE). Der VBE ist der Dachverband des BLLV.

Das Bildungssystem halten die Befragten dagegen für verbesserungswürdig. Deutschlands Eltern wünschen sich ein faires und einheitliches Bildungssystem, das seine Schüler besser fördert. 84 Prozent der Befragten halten es für „sehr wichtig", dass alle Kinder die gleichen Bildungschancen haben, 79 Prozent wünschen sich dass lernschwache Schüler besser gefördert werden. In der Praxis verwirklicht sehen das aber nur wenige Eltern. Nur 28 Prozent glauben, dass in Deutschland Chancengleichheit herrscht, die Förderung Lernschwacher sehen nur 29 Prozent verwirklicht. Dass Schüler in allen Bundesländern die gleichen Bedingungen vorfinden, ist für 74 Prozent der Eltern ein wichtiges Ziel der Bildungspolitik.

Mehr Zeit, weniger Stoff

Diese Absage an den bildungspolitischen Föderalismus ist Ohrfeige für die bayerische Bildungspolitik. Die Regierung des Freistaats hält als einzige am dreigliedrigen Schulsystem fest und nimmt damit eine Sonderstellung ein. Dabei wünscht sich die Mehrheit der befragten Eltern die Abkehr von der frühen Auslese und fordert wie der BLLV längeres gemeinsames Lernen. 60 Prozent der Befragten sprechen sich für eine sechsjährige Grundschulzeit aus. BLLV-Präsident Klaus Wenzel kommentierte die Ergebnisse der Emnid-Studie mit einem Satz: „Dies ist eine Bestätigung der Programmatik und der Beschlusslage des BLLV und sollte die Schul- und Bildungspolitiker in diesem Land hellhörig machen."

Wie fast immer in der Soziologie, die Art der Fragestellung und die völlig verschiedenen Begriffsinhalte (Beispiel Bildungschance), die die Befragten assoziieren, zeigen, es geht eben um Meinung und nicht um Wissenschaft.

11 Merkmale für Schülereinschätzung zum Zwecke einer Schullaufbahnempfehlung

Motivation und Lerntugenden

- Aufmerksamkeit im Unterricht
- Interesse am Lernen
- Lernmotivation
- Anstrengungsbereitschaft
- Ausdauer
- Gewissenhaftigkeit und Fleiß
- Pünktlichkeit und Disziplin
- Leistungsmotivation
- Ehrgeiz

Begabung und Leistung

- Akademische Begabung
- Allgemeine kognitive Fähigkeiten
- Gedächtnis
- Mitarbeit im Unterricht
- Belastbarkeit
- Selbstwertvertrauen
- Mathematische Fähigkeiten
- Lesekompetenz
- Selbständiges Arbeiten

Soziale Fähigkeiten und Sozialverhalten

- Konfliktverhalten
- Empathie
- Selbstbeherrschung
- Kontrolle von Impulsen
- Teamfähigkeit
- Sozialverhalten
- Betragen in der Schule
- Mitfühlend

Quelle: BMBF; Der Übergang von der Grundschule in die weiterführende Schule ; Band 34, S 322

12 Die Leistungen des Bildungspaketes für 2,5 Millionen Kinder!

Das Bildungspaket
Das ist drin im Bildungspaket

Kultur, Sport, Mitmachen:
Bedürftige Kinder sollen in der Freizeit nicht ausgeschlossen sein, sondern bei Sport, Spiel oder Kultur mitmachen. Deswegen wird zum Beispiel der Beitrag für den Sportverein oder für die Musikschule in Höhe von monatlich bis zu 10 Euro übernommen.

Schulbedarf:
Damit bedürftige Kinder mit den nötigen Lernmaterialien ausgestattet sind, wird ihnen zweimal jährlich ein Zuschuss überwiesen – zu Beginn des Schuljahres 70 Euro und zum zweiten Halbjahr 30 Euro, insgesamt also 100 Euro.

Schülerbeförderung:
Insbesondere wer eine weiterführende Schule besucht, hat oft einen weiten Schulweg. Sind die Beförderungskosten erforderlich und werden sie nicht anderweitig übernommen, werden diese Ausgaben erstattet.

Lernförderung:
Bedürftige Schülerinnen und Schüler können Lernförderung in Anspruch nehmen, wenn nur dadurch das Lernziel - in der Regel die Versetzung in die nächste Klasse - erreicht werden kann. Voraussetzung ist, dass die Schule den Bedarf bestätigt und keine vergleichbaren schulischen Angebote bestehen.

Mittagessen in Kita, Schule und Hort:
Einen Zuschuss fürs gemeinsame Mittagessen gibt es dann, wenn Kita, Schule oder Hort ein entsprechendes Angebot bereithalten. Der verbleibende Eigenanteil der Eltern liegt bei einem Euro pro Tag.

Tagesausflüge und Klassenfahrten:
Eintägige Ausflüge in Schulen und Kitas werden zusätzlich finanziert. Die Kosten mehrtägiger Klassenfahrten werden wie bisher erstattet.

Anmerkung: Das Bildungspaket dürfte auf folgende Schultypen zugeschnitten sein: Vorklassen, Schulkindergärten, Grundschulen, Schulartunabhängige Orientierungs-

stufe, Hauptschulen, Schularten mit mehreren Bildungsgängen.
Diese Schultypen werden von rd. 4 Millionen Kindern Besucht. Das Bildungspaket würde so **gesehen 62% aller Schüler erfassen!**

Zwischenbilanz vom März 2012 lt. Bundesministerium für Arbeit und Soziales:

Nach Umfragen des Deutschen Städtetages (DST) und des Deutschen Landkreistages (DLT) bei rund 70 Städten und 190 Landkreisen haben die Eltern bis zum 1. März dieses Jahres im Durchschnitt für etwa 56 % (DST) bzw. 53% (DLT) der leistungsberechtigten Kinder und Jugendlichen Anträge auf Leistungen gestellt. Im Juni 2011 hatte in Umfragen der Verbände die Inanspruchnahme der Leistungen noch bei 27% bis 30% und im November 2011 bei 44 % bis 46 % gelegen. Die Durchschnittszahlen beziehen sich jeweils auf Leistungen, die eigens beantragt werden müssen (also ohne Schulbedarfspaket).

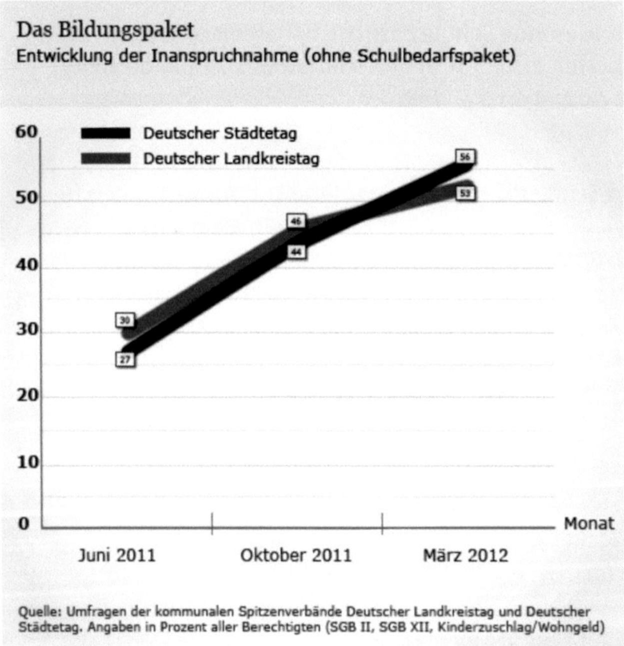

Pro anspruchsberechtigtem Kind waren das 2011 640 €.

Die Zeit online kommentierte am 31. 8. 2012:

… 1,6 Milliarden Euro überwies der Bund den Kommunen im vergangenen Jahr für die Unterstützung bedürftiger Kinder, so groß war das Bildungspaket von Ursula von der Leyen (CDU). Inzwischen ist aber völlig unklar, wie viel davon den Betroffenen überhaupt zugute gekommen ist.

13 Aus der Geschichte der Migration

Die Mühsal der Migrantengenerationen aus dem 19. Jahrhundert, ein Reim:

… der ersten der Tod,
der zweiten die Not,
der dritten das Brot.

Immigration in the Early 1900s (USA)

The reasons these new immigrants made the journey to America differed little from those of their predecessors. **Escaping religious, racial, and political persecution,** or seeking relief from a lack of economic opportunity or famine still pushed many immigrants out of their homelands. Many were pulled here by contract labor agreements offered by recruiting agents, known as padrones to Italian and Greek laborers. Hungarians, Poles, Slovaks, Bohemians, and Italians flocked to the coal mines or steel mills, Greeks preferred the textile mills, Russian and Polish Jews worked the needle trades or pushcart markets of New York.

Most industries offered hazardous conditions and very low wages—lowered further after the padrone took out his share. Urban housing was overcrowded and unsanitary. Many found it very difficult to accept. An old Italian saying summed up the disillusionment felt by many:

"I came to America because I heard the streets were paved with gold. When I got here, found out three things: First, the streets weren't paved with gold; second, they weren't paved at all; and third, I was expected to pave them."

In spite of the difficulties, few gave up and returned home.

Handlin, Oscar, The Uprooted (1951).

Übersicht über Graphiken und Darstellungen

Sachregister

Vom selben Autor

Anleitung zum Schüler-Coaching für jene, die sich entschließen, Schülern und Schülerinnen auf dem Weg in die Ausbildung zur Seite zu stehen.
ISBN 978-3-00-031244-1

Der Autor

Johannes Rauter

Jahrgang 1945, geboren und aufgewachsen in Tirol. Studium der Volkswirtschaftslehre.

1972 Eintritt in die Firma Siemens. Zunächst in einer zentralen Beratungsstelle für Teamtrainings und neue Kommunikationsformen. Dann tätig in der kaufmännischen Verwaltung, später Referatsleiter „Geschäftsplanung" eines kleinen Geschäftsbereiches. Themen waren, Analysen, Berichterstattung sowie z. B. Arbeiten zu Innovation und Wissensmanagement. Ende der Tätigkeit nach Verkauf dieser Sparte.

1999/2000 ca. ein Jahr lang selbständig tätig als Trainer für „Businessplanning". 2000, mit 55 Eintritt in ein mittelständisches, medizintechnisches Unternehmen, zugleich ein Branchenwechsel. Aufgabenbereich Business-Development. Schwerpunkt Ertrags-/Risikobewertung der eigenen, neuen Pharmaprojekte. 2010, Ende der regulären Berufslaufbahn.

Seit 2005, Beginn einer ehrenamtlichen Tätigkeit als Hauptschülercoach, Betreuung Schüler auf den Weg in den Ausbildungsplatz. 2011/12 Sprachtraining für Schüler aus der „Übergangsklasse", d. h. für Neuankömmlinge, mit deutlicher Bildungsaspiration.

Seit 2010 zwei Buchveröffentlichungen, 2012 für ein Geothermieprojekt beratend tätig. Betreiber einer Webseite: www.innobiz.de

Zwei Kinder, Interessen sind Innovation, Arbeitsmarkt, Bildung, Zukunft der Wirtschaft. Geschichte, darstellende Kunst. Lebt in Germering bei München